2. Auflage 1989
Buchkonzept und Realisation: Arnold Zabert, Hamburg
Rezepte: Johann Lafer
Redaktion:
Marietta Tannert, Dr. Ulrike Busch, Klaus Schneider, Ursula Zylmans,
Sabine Güstel, Elisabeth Lange
Fotografie: Arnold Zabert, Walter Cimbal, Gabriele Bohle, Christian Teubner (Titel)
Kochstudio:
Klaus-Peter David, Johann Lafer, Dirk Steinfeld, Regine Strohner
Grafische Gestaltung: Heidi-Ursula Clarus
Herstellung: Hans-Werner Jung, Joachim Restemeier
Lithografie: Kruse Reproduktionen, Vreden
Satz: Typografika, Bielefeld
Druck: Bentrup Druck, Bielefeld
Bindung: Buchbinderei Klemme, Bielefeld

Verlag Zabert Sandmann
Patthorster Straße 127, D-4803 Steinhagen
Telefon (0 52 04) 33 83, Telex 937 858 vzasa d
Telefax (0 52 04) 8 03 31

CIP-Titelaufnahme der Deutschen Bibliothek
Lafer, Johann: Backen — Advent und Weihnachten; die schönsten Rezepte
von Johann Lafer. (Fotografie: Arnold Zabert ...),
— Steinhagen: Zabert Sandmann, 1989
ISBN 3-924678-17-0

Auf dem Titelfoto abgebildet:

Vanille-Kipferln (S. 36), Mandelhäufchen (S. 35), Guldentaler (S. 44),
Dominosteine (S. 62), Weihnachtssterne und
Weihnachtsbäumchen (S. 37), einfache Schäumchen (S. 46)
und Mandelringe (S. 51).

WEIHNACHTS BACKEN

Mit Johann Lafer
und Thekla Carola Wied

ZABERT
SANDMANN

DER INHALT

Warum ich Weihnachtsbacken so schön finde 6– 7
Weshalb mir dieses Buch so am Herzen liegt 8– 9
Womit Profis backen 10–11
Womit gewürzt wird 12–13
Was Sie über Kuvertüre wissen sollten 14–15
Wie Sie Fondant am besten zubereiten 16–17
Was Sie über das Weihnachtsbacken wissen sollten 18–19
Adventsnapfkuchen 20
Ullas Haselnußtorte 21
Weihnachtsstollen 22
Kürbiskernkuchen 23
Bernhards Zillertaler Zelten 24
Mohn-Makronen-Kuchen 25
Weihnachtstorte 26–27
Bärentatzen 28–29
Schokoladen-Katzenzungen 29
Nougatringe 30–31
Kolumbianer 31
Hippenröllchen mit Sanddorncreme 32–33
Verlorene Kirschen 33
Ingwerhäppchen 34–35
Mandelhäufchen 35
Vanillekipferln 36
Weihnachtssterne und -bäumchen 37
Wilhelmine Klöckners Zimtkarten 38

Zimtsterne 39
Irmis Walnußstanitzel 40 – 41
Christas Nußpfennige 41
Erdnußschiffchen 42 – 43
Pfeffernüsse 43
Guldentaler 44
Vanille-Makronen-Gebäck 45
Feigenschäumchen 46
Muttis Spagatkrapfen 47
Glühweindreispitze 48
Punschkrapferl 49
Aprikosenplätzchen 50
Engelsaugen und Mandelringe 51
Weihnachtswolke 52 – 53
Bunte Knusperschnitten 53
Kokosschnitten 54 – 55
Gefüllte Kokosmakrönchen 55
Operaschnitten 56 – 57
Orangen-Krokant-Schnitten 57
Elisenlebkuchen 58 – 59
Apfellebkuchenglöckchen 59
Eisbergspitzen 60
Mokkatrüffel 60 – 61
Rumpralinen 61
Dominosteine 62
Orangenkonfekt 62 – 63
Rumstangen 63
Pralinentürmchen 64
Weinbrandkugeln 65
Lafers Mozartknödel 66 – 67
Register 68 – 69

WARUM ICH WEIHNACHTSBACKEN SO SCHÖN FINDE

Hat es bei Ihnen zu Hause, liebe Leserin und lieber Leser, vor Weihnachten auch immer so toll geduftet — nach Zimt, Kardamom und Nelken? Und war Ihnen auch manchmal ein bißchen schlecht vom vielen Naschen am frischen Teig?
Für mich war jedenfalls schlagartig die Erinnerung an meine Kinderzeit wieder da, als ich jetzt mit Johann Lafer zusammen in der Fernsehküche stand und wir gemeinsam Teige anrührten und ausrollten, Formen ausstachen, Backbleche mit Lebkuchen bestückten und Stollen anschnitten. Mir fielen auch wieder die Blechdosen ein, die Mutter wie einen Nibelungenschatz hütete. Aber zum Glück gab's ja Großmutter, die sich von uns Kindern hin und wieder erweichen ließ und den Deckel öffnete.
Vieles davon hatte ich halb vergessen, weil wir Schauspieler meist auch in der Adventszeit ein Nomadenleben führen und uns kaum Muße bleibt für eine zünftige Weihnachtsbäckerei.
Auch deswegen hat mir diese Sendung einen langgehegten Wunsch erfüllt.

Und dann habe ich bei dieser Gelegenheit vom großen Patissier Lafer eine Menge gelernt. Vor allem hat er mir die Angst genommen, die süßen Wunderwerke könnten für mich zu schwierig sein. Denn, unter uns gesagt, ich bin kein großes Backtalent. Wenn Sie sich an seine Rezepte halten, kann gar nichts schiefgehen. Johann Lafer verrät Ihnen darin nicht nur eine Menge Tricks und Kniffe — er hat auch viele Köstlichkeiten zeitgemäß kalorienreduziert. Apropos Kalorien ... Die waren's ja, die mich bisher vom Backen abhielten ... Sie verstehen schon? Daher wird Ihnen das bestimmt genauso gut gefallen wie mir.

Denn ich habe während der Aufnahmen natürlich viel mehr genascht, als ich mir vorgenommen hatte. Es schmeckte einfach zu gut ...

Vielleicht bringt Sie das Buch auf die gleiche Idee wie mich: In diesem Jahr einmal seinen Freunden Selbstgebackenes zu Weihnachten zu schenken!

Ich wünsche Ihnen ein gutes Gelingen und von Herzen eine schöne Adventszeit!

Ihre
Thekla Carola Wied

WESHALB MIR DIESES BUCH SO AM HERZEN LIEGT

Schon als kleiner Bub war ich fasziniert von all den Dingen, die sich in Kasserollen und Kuchenformen abspielten. Besonders angetan hatten es mir die köstlichen Süßspeisen — nicht verwunderlich, wenn man in Österreich aufwächst. Für meine Leidenschaft hatte ich glücklicherweise die beste Lehrmeisterin, die man sich denken kann: Meine Mutter ist eine ausgezeichnete Köchin. Und ich wollte eines Tages so gut werden wie sie.

Nach der Kochlehre in meiner Heimat, machte ich mich auf, um in Deutschlands besten Küchen mein Handwerk zu vervollkommnen: In Viehhausers "Le Canard", in den "Schweizer Stuben" zu Wertheim und in Witzigmanns "Aubergine". Erst dann wagte ich den Sprung nach Paris, wo ich beim "König der Zuckerbäcker", Gaston Lenôtre, die Hohe Schule des süßen Raffinements lernte. Seit vier Jahren bin ich nun selbst Küchenchef im Guldentaler "Le Val d'Or". Den Süßspeisen gehört nach wie vor meine große Liebe. Und offenbar die meiner Gäste auch.

Gerade deshalb waren dieses Buch und die Fernsehsendung für mich eine besondere Herausforderung. Wenn einem schon der ehrenvolle Ruf vorauseilt, man sei der meistkopierte Patissier, dann sind natürlich die

Erwartungen entsprechend groß, die an ein Buch über Weihnachtsbäckerei geknüpft werden. Ich hoffe, ich habe sie erfüllen können.
Leicht habe ich es mir nicht gemacht. Ein halbes Jahr intensive Vorarbeit; vieles wurde fünf bis sechs mal zubereitet, ehe es meinen Vorstellungen entsprach: Zeitgemäßes, leichtes Backen mit der jahrhundertealten Weihnachts-Tradition zu verbinden.
Danke sagen möchte ich an dieser Stelle ganz besonders Silvia Buchholz; meiner Küchenmannschaft Klaus Heidel, Dirk Steinfeld, Christian Weger und Andreas Gaul für ihre geduldige Mitarbeit und ausdauernde Hilfe; meinen Freunden und Bekannten für Köstlichkeiten aus dem Familienfundus, indem ich ihre Vornamen mit den Rezepten verbunden habe; allen meinen Stammgästen, die mich nicht nur jahrelang ermutigten, meinen Stil weiter zu verfolgen, sondern mich auch darin bestärkten, dieses Backbuch zu machen; meiner charmanten Fernseh-Partnerin Thekla Carola Wied für ihre Assistenz; meinen Eltern, die meine lange Ausbildung ermöglichten und ohne die es dieses Buch nie gegeben hätte.
Ich wünsche Ihnen soviel Freude beim Backen, wie ich sie hatte!

Ihr
Johann Lafer

1
2
3
4
5
6
7
8
9
10

WOMIT PROFIS BACKEN

1. ZUCKER-THERMOMETER
Profis benutzen ein Spezialthermometer, auf dessen Skala Grad Celsius und Grad Reaumur angegeben sind. Die Thermometerskala muß Einteilungen bis ca. 150 Grad (Celsius) aufweisen, weil beim Zuckerkochen mit sehr hohen Temperaturen gearbeitet wird.

2. PERGAMENT-PAPIERTÜTCHEN
Zum Auftragen von Verzierungen aus dick angerührtem Zuckerguß, geschmolzener Schokolade oder Kuvertüre auf Plätzchen, Pralinen oder anderem Gebäck. Man kann fertige Papiertütchen in Haushaltswarengeschäften kaufen, oder man fertigt Tütchen aus Pergament- oder Backpapier selbst an.

3. PAPIER-FÖRMCHEN
Praktische Förmchen verschiedener Größen für kleine Portionskuchen. Das Einfetten entfällt, denn die Papierförmchen lassen sich nach dem Backen problemlos vom Gebäck abziehen. Selbstgemachte Pralinen bewahrt man am besten in speziellen Papierpralinenförmchen auf. Erhältlich in Haushaltswarengeschäften.

4. BACKOBLATEN
Hauchdünnes, papierähnliches Gebäck, das ohne Zusatz von Treibmitteln aus Mehl, Eiweiß und Wasser hergestellt wird. Oblaten sind geschmacksneutral und zergehen auf der Zunge. Sie sind unerläßlich für die Zubereitung von Lebkuchen und Makronen. Oblaten verhindern das Anbrennen sehr süßer und unstabiler Teige auf dem Backblech. Außerdem bleibt das Gebäck länger frisch, da es von der Oblate vorm Austrocknen geschützt wird. Backoblaten gibt es sowohl in eckiger als auch in runder Form. Die runden sind mit unterschiedlichem Durchmesser von vier bis zehn Zentimetern im Handel.

5. PRALINEN-BESTECK
Besteht aus einem Abtropfgitter für Pralinen, die mit Glasur überzogen wurden, einer Auffangschale für herabtropfende Kuvertüre (auch als Blech mit Rand zu benutzen) und dem eigentlichen Besteck: drei verschiedene Gabeln zum Eintauchen und Transportieren von Pralinen. In Haushaltswarengeschäften erhältlich.

6. BACKPINSEL
Zum Auftragen von Glasuren und zum Bestreichen von Gebäck oder Plätzchen mit Butter oder Eigelb.

7. STANNIOL-KAPSELN
Kleine Stanniolförmchen mit fein gezacktem Rand. Für Konfekt und kleine Gebäckhappen. In Haushaltswarengeschäften und in den entsprechenden Abteilungen der Kaufhäuser erhältlich.

8. SPRITZTÜLLEN
Ein Spritzbeutel kann mit verschiedenen Tüllen bestückt werden: mit kleinen, mittleren und großen Loch- oder Sterntüllen. Zum Verzieren und Formen von weichen Teigen, Cremes oder Sahne.

9. SPAGAT-KRAPFENFORM
Spezielle Form zum Ausbacken (Fritieren) einer Gebäckspezialität aus der Steiermark. Früher, als man diese Form noch nicht kannte, wurde der Teig auf einer Stielwalze mit Hilfe von Küchengarn ("Spagat") festgebunden. Daher rühren auch die Einkerbungen auf dem Gebäck. Eine Spagatkrapfenform ist selten im Handel erhältlich. Ersatzweise kann man den Teig mit Einkerbungen versehen und ohne Form ausbacken.

OBLATEN-WAFFELEISEN
(ohne Foto)
Spezielles elektrisches Waffeleisen für die Zubereitung hauchdünner Waffeln. Ersatzweise kann auch ein einfaches Waffeleisen verwendet werden.

10. AUSSTECH-FORMEN
Sie werden vor allem bei der Weihnachtsbäckerei benutzt. Beliebte Ausstechmotive sind Herzen, Sterne, Tannenbäume, Glocken und Kreise. Nicht empfehlenswert sind zu filigrane Motive, weil das Gebäck sonst leicht zerbricht oder beschädigt wird.

BACKPAPIER
(ohne Foto)
Auch Antihaft-Backpapier genannt. Es wird zum Auslegen von Backblechen, Spring- oder Kastenformen benutzt, damit der Teig nicht anklebt.
Das Einfetten der Form ist dennoch sinnvoll, damit das pergamentartige Backpapier gut darauf haftet. Backpapier hat meist eine bedruckte Seite mit "Schnittmustern" für verschiedene Formen und Weihnachtsmotive, die man als Schablone benutzen kann. Die unbedruckte Seite muß nach oben zeigen.

FLORENTINER-BLECH
(ohne Foto)
Spezielles Backblech mit flachen, kreisrunden Vertiefungen. In gut sortierten Haushaltswarengeschäften erhältlich; mit oder ohne Antihaft-Beschichtung.

1
2
3
4
5
6
7
8
9
10
11
12
13
14

WOMIT GEWÜRZT WIRD

1. PIMENT
Auch Allzweckgewürz, weil es ein bißchen nach Gewürznelken, Pfeffer, Muskat und Zimt riecht. Unerläßlich für die Weihnachtsbäckerei.

2. KARDAMOM
Fruchtkapseln einer Ingwerpflanze, auch Kardamomen genannt. Die kleinen Samen werden aus dem Inneren der dreigeteilten Kapseln gelöst, gemahlen oder in einem Mörser zerstoßen. Kardamom riecht und schmeckt feurig würzig, hebt und verfeinert das Aroma anderer Gewürze. Bei der Weihnachtsbäckerei unerläßlich für Stollen, Lebkuchen, Pfeffernüsse und Konfekt.

3. STERNANIS
Bräunliche, rosettenartige, sternförmige Früchte mit braunen, glänzenden Samenkörnern. Sternanis duftet wie Anis, ist jedoch feuriger und aromatischer im Geschmack. Zum Würzen von Gebäck werden die Samenkörner aus den Sternkammern gelöst und mit einem Mörser zerstoßen.

KORIANDER
(ohne Foto)
Angenehm mild aromatisches Gewürz mit anisartigem Duft. Bei der Weihnachtsbäckerei verwendet man gemahlenen Koriander für Lebkuchen, Pfefferkuchen, Spekulatius, Honigkuchen und andere würzige Gebäcksorten.

4. VANILLE
Auch Vanillestange; Fruchtschote einer tropischen Orchideenart. Bekannteste Sorte: Bourbon-Vanille. Man verwendet das herausgekratzte Mark, das im Teig oder in der Creme durch winzige schwarze Pünktchen zu erkennen ist — das Erkennungszeichen für echte Vanille. Das Ersatzprodukt Vanillin wird künstlich hergestellt.

5. ZIMT
Auch Canehl genannt, ist die getrocknete Innenrinde des Zimtbaumes. Die dünne, hellbraune Sorte hat einen süßlichen, die dunklere einen kräftigeren Geschmack. Gemahlener Zimt ist ein ideales Mischgewürz für Lebkuchen, Honig- und Gewürzkuchen.

6. ZITRONAT UND ORANGEAT
In hochprozentiger Zukkerlösung konservierte Schalen spezieller unreifer Zitronen- und Orangensorten. Erhältlich als große, mit Zuckerglasur überzogene Stücke und unglasiert gewürfelt (Sukkade). Die großen Schalen ergeben mehr Aroma, da sie erst beim Zubereiten zerkleinert werden. Zitronat und Orangeat sind unerläßliche Gewürze für aromatisches, saftiges Weihnachtsgebäck wie zum Beispiel Stollen.

7. GEWÜRZNELKEN
Getrocknete Blütenknospen des Gewürznelkenbaumes. Sie schmekken feurig scharf und würzen stark. Besonders die gemahlenen Gewürznelken müssen sehr sparsam dosiert werden. Sie passen zu fast jedem Weihnachtsgebäck.

8. INGWER
Südostasiatische Pflanzenwurzel mit intensivem, fruchtig scharfem Aroma. Frisch oder getrocknet, in Sirup eingelegt, gemahlen oder kandiert erhältlich. Für Lebkuchen und würzige Gebäcksorten.

9. MUSKATBLÜTE
Auch Macis genannt, ist der getrocknete Samenmantel der Muskatnuß. Das orangebräunliche Pulver würzt mild aromatisch und nicht so kräftig wie Muskatnuß.

10. SULTANINEN
Getrocknete kernlose Weinbeeren mit goldgelber bis hellbrauner Farbe. Größer und süßer im Geschmack als Rosinen.

ROSINEN
(ohne Foto)
Getrocknete, leicht säuerliche Weinbeeren mit rötlichbrauner, fast schwarzer Farbe.

KOKOSRASPEL
(ohne Foto)
Fein geraspeltes und getrocknetes Fruchtfleisch der Kokosnuß. Ideal für Makronen und andere Gebäcksorten.

11. MUSKATNUSS
Entwickelt frisch gerieben einen intensiv würzigen, feurigsüßen Geschmack. Für Gewürz- und Lebkuchen und für bestimmte Plätzchen.

12. ANIS
Süßlich herb schmekkendes, aromatisches Gewürz. Anis gibt es als ganze Körner (Anissamen) oder gemahlen zu kaufen. Unerläßlich bei der Zubereitung von Lebkuchen, Honigkuchen, Pfeffernüssen und Gewürzplätzchen.

13. KORINTHEN
Sehr kleine, fast blauschwarze, getrocknete, kernlose Weinbeeren mit ganz zarter Schale und herbsüßem Geschmack.

14. HONIG
Wird unterschieden nach Herkunft, Geruch, Farbe, Geschmack und Zusammensetzung. Honig kristallisiert bei längerer Lagerung. Durch langsames Erwärmen bei milder Hitze wird er wieder geschmeidig. Bei Überhitzen karamelisiert der im Honig enthaltene Zukker. Außerdem verändert sich der Geschmack. Echter deutscher Honig ist erkennbar am Einheitsglas des deutschen Imkerbundes mit Banderole und CMA-Gütezeichen. Wichtige Zutat für Honigkuchen, Lebkuchen und Gebäckfüllungen.

1

2

3

4

5

6

WAS SIE ÜBER KUVERTÜRE WISSEN SOLLTEN

Kuvertüre ist eine besonders reine Schokolade mit einem sehr hohen Anteil an Kakaobutter. Sie eignet sich ideal als Glasur oder Verzierung von Gebäck und Pralinen, weil sie zart und klümpchenfrei schmilzt. Allerdings erfordert der Umgang mit Kuvertüre ein gewisses Geschick, denn sie ist sehr temperaturempfindlich. Zuverlässig vor Überhitzung beim Schmelzen schützt ein Joghurtthermometer, das im Haushaltswarengeschäft erhältlich ist. Kuvertüre darf nur im ca. 50 Grad (Celsius) warmen Wasserbad erhitzt werden. Eine zu hohe Temperatur beeinträchtigt ihren Geschmack. Außerdem bilden sich beim Festwerden von überhitzter Kuvertüre graue Streifen auf der Oberfläche. Damit die Schokoladenglasur glatt und glänzend gelingt, sollte die Kuvertüre so temperiert werden, wie es anhand der Phasenfotos beschrieben ist. Während die temperierte Kuvertüre verarbeitet wird, stellt man sie am besten in ein handwarmes Wasserbad, damit sie nicht zu fest wird. Übriggebliebene Kuvertüre kann im Kühlschrank aufbewahrt und wieder verwendet werden. Überwiegend ist Bitter-, Halbbitter- und Vollmilchkuvertüre im Handel, seltener weiße Kuvertüre.
Ersatzweise kann man auch eine fertig gekaufte Schokoladen-Fettglasur anstelle von Kuvertüre verwenden. Allerdings nicht für Rezepte, die geriebene oder geraspelte Kuvertüre verlangen.

KUVERTÜRE TEMPERIEREN

1. Die Kuvertüre mit einem großen Messer zerkleinern, damit sie sich gleichmäßig im Wasserbad auflöst.
2. Die Hälfte der Kuvertüre in einer Schale im ca. 50 Grad heißen Wasserbad unter Rühren auflösen. Aus dem Wasserbad nehmen.
3. Die übrige Kuvertüre zugeben und so lange rühren, bis sie sich in der geschmolzenen Kuvertüre aufgelöst hat.
4. Die Kuvertüre kurz kühl stellen oder auf eine Marmor- oder Servierplatte laufen lassen. So lange mit einer Palette hin- und herstreichen, bis sie leicht bindet und cremig wird.
5. Die cremige Kuvertüre langsam in einem mäßig warmen Wasserbad auf maximal 32 Grad erwärmen. Dabei ständig die Temperatur kontrollieren.
6. Probe: Einen Löffel kurz in die Kuvertüre tauchen. Nach etwa 2 Minuten soll sie fest sein und glänzen

1

2

3

4

5

6

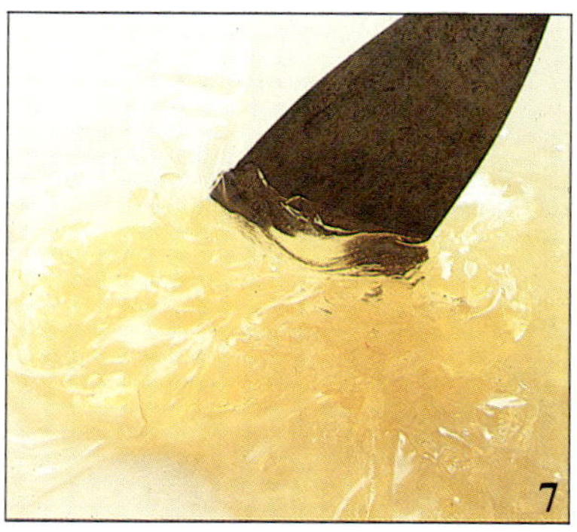
7

8

9

10

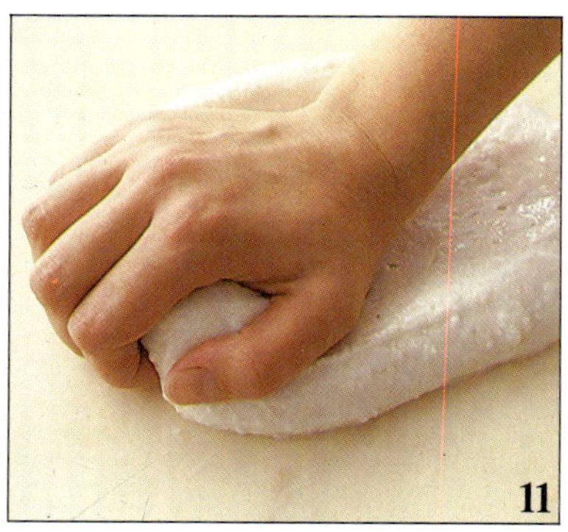
11

12

WIE SIE FONDANT AM BESTEN ZUBEREITEN

Als Fondant bezeichnet man eine zartschmelzende Zuckermasse, Grundlage für verschiedene Konfektarten oder reine Zuckerglasur. Fondant kann man schmelzen, formen, färben und aromatisieren.
Die Herstellung von Fondant bedarf größter Sorgfalt und ist, wie auf den Phasenfotos erkennbar, recht mühsam.
Zuerst muß ein Zuckersirup gekocht werden, dem Traubenzucker zugefügt wird. Dieser verhindert eine zu große Zuckerkristallbildung beim Abkühlen des Sirups.
Unentbehrlich beim Kochen des Sirups ist ein Thermometer, das Temperaturen über 100 Grad anzeigt. Denn wie weich oder hart Zuckersirup beim Abkühlen wird, hängt von der Kochtemperatur ab. Je höher die Temperatur, um so härter das Ergebnis.
Ein guter Fondant muß geschmeidig sein, deshalb darf der Zuckersirup nur bis zu einer Temperatur zwischen 112 und 116 Grad Celsius erhitzt werden.
Beim Abkühlen und Bearbeiten der Sirupmasse sollte man immer gleichmäßige Schleifen (Achten) ziehen, so daß sich sehr feine Kristalle bilden können.
Nach dem Kneten muß der Fondant im Kühlschrank ruhen. In dieser Zeit verändert sich die Kristallstruktur langsam, so daß eine elastische Zuckermasse entsteht. Soll die Masse längere Zeit aufbewahrt werden, füllt man sie in verschließbare Gläser. So bleibt der Fondant fast unbegrenzt haltbar.
Geschmolzen wird Fondant im Wasserbad, indem man die Masse unter ständigem Rühren erwärmt. Falls der Fondant für eine Glasur zu dick ist, verdünnt man ihn mit etwas heißem Wasser, Fruchtsaft oder Likör. Wichtig ist auch hier die Temperaturkontrolle. Fondant, der über 66 Grad erhitzt wird, bröckelt beim Trocknen.
Für alle, die diese aufwendige Zubereitungsart scheuen, der Hinweis: Es gibt Fondant auch in guter Qualität fertig zu kaufen. Ersatzweise kann man gesiebten Puderzucker mit Wasser, Saft oder Likör zu einer dikken Masse verrühren.

HERSTELLUNG VON FONDANT

1. 1 kg Zucker, 0,3 l Wasser und 4 EL Traubenzukker in einen Topf geben. Unter ständigem Rühren auflösen, und die Zuckerkristalle mit einem nassen Küchenpinsel vom Topfrand entfernen.
2. Ein Zuckerthermometer in den Topf stellen und den Sirup so lange stark kochen lassen, bis 113 Grad erreicht sind.
3. Den Topf vom Herd nehmen, und den Topfboden ganz kurz in eiskaltem Wasser abkühlen, um den Kochvorgang zu stoppen.
4. 1 EL Zuckersirup in eine Schale mit eiskaltem Wasser geben. Mit den Händen einen Zukkerball formen.
5. Nimmt man den Zukkerball aus dem Wasser, muß er sofort seine runde Form verlieren und weich werden. Der Fachmann nennt das den weichen Ballgrad.
6. Den heißen Zuckersirup auf ein mit Wasser besprühtes Backblech oder auf eine Marmorplatte gießen. Etwas abkühlen lassen.
7. Den Sirup am Rand mit einem nassen Metallspachtel anheben und nach innen umschlagen. Diesen Vorgang so oft wiederholen, bis der Zukkersirup zähflüssig wird.
8. Diese Masse nun so lange mit einem angefeuchteten Holzspatel bearbeiten, bis sie eine milchige Farbe bekommt. Dabei mit dem Spatel Achten ziehen.
9. Nach ca. 5 Minuten beginnt die Masse fest zu werden.
10. Nach etwa 8 – 10 Minuten bildet sich eine weiße, harte, bröckelige Fondantmasse. Diese Masse mit angefeuchteten Händen kräftig durchkneten.
11. Etwa 5 – 8 Minuten weiterkneten, bis der Fondant feucht, glänzend-glatt und klümpchenfrei geworden ist.
12. Den Fondant zu einer Kugel formen, auf einen mit Wasser benetzten Teller legen und mit einem feuchten Tuch abdecken. Etwa 8 – 12 Stunden kühl stellen.

WAS SIE ÜBER DAS WEIHNACHTSBACKEN WISSEN SOLLTEN

ANGELIKA
Kandierte, das heißt mit hochprozentiger Zuckerlösung konservierte, grüne Blattstiele der Engelwurz. Angelika verwendet man gewürfelt oder in Scheiben geschnitten als Gebäckdekoration.

BACK-AROMEN
Konzentrierte Zubereitungen aus Geruchs- und Geschmacksstoffen nennt man Aromen oder Aromastoffe. Neben Rum-Aroma werden auch Vanille- und Zitronen-Aroma sowie Backöle, z. B. Bittermandel, häufig zum Backen verwendet. Zum Aromatisieren von Gebäck und Pralinen. Sehr sparsam dosieren.

BACKBLECH
Es gehört zur Grundausstattung jedes Backofens. Jedes Backblech läßt sich mit extra starker Aluminiumfolie verkleinern: Der erforderlichen Größe entsprechend Ränder aus der Folie falten, am unteren Rand etwa 3 – 5 cm Folie ungefaltet überstehen lassen und im rechten Winkel abknicken. So auf das Backblech legen, daß der Überhang auf dem Blech liegt; am Rand umbördeln.

BUTTER
Unentbehrlich für die Weihnachtsbäckerei. Es gibt die milde Süßrahmbutter und die Sauerrahmbutter mit nußartigem Geschmack. Unterschieden werden drei Handels- und Qualitätsklassen: Markenbutter, Molkereibutter und Kochbutter.

FARINZUCKER
Auch brauner Zucker genannt. Farinzucker ist ein gelblichbrauner Zucker, der aus karamelisiertem Zuckersirup hergestellt wird. Durch seinen angenehm malzigen Geschmack eignet er sich ausgezeichnet für die Weihnachtsbäckerei.

HIRSCHHORNSALZ
Backtriebmittel, das aus den verschiedenen Salzen des Ammoniaks und der Kohlensäure hergestellt wird. Früher wurde es tatsächlich aus Hornabfällen gewonnen.
Das weiße Salz zersetzt sich in kaltem Wasser nicht. Erst durch die Backhitze verwandelt es sich in verschiedene Gase und treibt dadurch das Gebäck auf.
Hirschhornsalz ist nur zur Lockerung trockener, würziger Flachgebäcke geeignet, denn in größeren Gebäckstücken kann ein Ammoniakgeschmack zurückbleiben. In Apotheken erhältlich.

LÄUTERZUCKER
500 g Zucker, ½ l Wasser, eine halbe Vanillestange, ein Stück Sternanis und die Schale von je einer unbehandelten Orange und Zitrone in einen Topf geben, aufkochen und etwa 5 Minuten lang köcheln lassen, bis der Zucker sich völlig aufgelöst hat. Den Läuterzucker durch ein feines Sieb gießen, abkühlen lassen, in Flaschen füllen und verschließen. Fast unbegrenzt haltbar.

MASSANGABEN
In diesem Buch verwendete Abkürzungen:

l	=	Liter
EL	=	Eßlöffel
TL	=	Teelöffel
g	=	Gramm
Msp	=	Messerspitze
Prise	=	die Menge, die zwischen zwei Fingerspitzen zu fassen ist.

Richtwerte:
Die Umrechnungstabelle für Flüssigkeiten:

0,1 l	= 100 g
⅛ l	= 125 g
¼ l	= 250 g
½ l	= 500 g

Maß für einen normalen Eß- oder Teelöffel, gestrichen (!) voll:

Lebensmittel	EL	TL
Mehl	8 g	3 g
Zucker	15 g	5 g
Salz	10 g	5 g
Butter	15 g	5 g
Puderzucker	8 g	3 g

NOUGAT
Form- und schnittfeste Masse aus gerösteten und gemahlenen Mandeln oder Haselnüssen, die unter anderem mit Zucker, Eiweiß und Honig oder Sirup vermischt werden. Die Farbe des Nougats wird vom Röstgrad der Mandeln oder Haselnüsse bestimmt. Manchmal wird auch Kakaomasse zugesetzt.

ORANGENBLÜTENÖL
Auch Orangen-Aroma; Extrakt aus Orangenblüten. In Apotheken erhältlich.
Bei der Gebäck- oder Konfektzubereitung immer vorsichtig dosieren.

PINIENKERNE
Weiße, länglich-ovale Samenkerne der Pinienkiefer. Pinienkerne haben einen mandelähnlichen Geschmack und können deshalb durch Mandeln ersetzt werden.

PISTAZIENKERNE
Längliche, hell- bis dunkelgrüne Samenkerne des Pistazienbaumes. Geschälte und ungesalzene Pistazienkerne sind relativ teuer. Sie werden gern zum Verzieren von Gebäck und Pralinen verwendet.

POTTASCHE
Backtriebmittel, das durch seinen Kohlendioxidgehalt säurehaltige oder säurebildende Teige auflockert und diese beim Backen eher in die Breite, als in die Höhe treibt. Die weiße Pottasche wird wie Hirschhornsalz mit etwas Wasser vermischt, damit sie sich im Teig besser verteilt. Ideal für Lebkuchenteige. In Apotheken erhältlich.

STOLLENFORM
Spezielle Backform mit oder ohne Deckel für Weihnachtsstollen. Im Fachhandel erhältlich. Ohne Stollenform muß man den Stollenteig zu einem länglichen Laib formen, diesen in der Mitte längs eindrücken und zu einer Seite hin flachrollen. Die flachgerollte Seite dann über die dicke schlagen und andrücken.

TORTENSCHEIBE
Praktische runde, dünne Scheibe aus Metall oder Kunststoff. Zum Abheben von Kuchen oder Torten vom Blech sowie zum Transportieren empfindlicher Gebäcke und Garnituren. In Haushaltswarenabteilungen und -geschäften erhältlich.

TROCKENFRÜCHTE
Getrocknete Früchte wie Äpfel, Aprikosen, Feigen, Datteln oder Pflaumen sind süßer und gehaltvoller als frische. Deshalb eignen sie sich besonders gut für die Zubereitung von Gebäck und Desserts. Beim Einkauf möglichst die ungeschwefelten Früchte bevorzugen.

WAAGE
Gerade beim Backen ist es wichtig, daß alles aufs Gramm genau mit einer Waage abgewogen wird. Kein Konditor würde jemals auf den Gedanken kommen, die Zutaten für einen Teig aus dem Handgelenk abzumessen. Und ein Meßbecher allein nützt nicht viel; denn er eignet sich nur zum Abmessen von Flüssigkeiten. Als Raummaß für Mehl und Zucker ist er einfach zu ungenau. Gute Küchenwaagen sind nicht billig. Sie sollen sowohl kleine, als auch größere Mengen exakt wiegen, stabil sein und sich nicht von allein verstellen können. Ausgezeichnet bewährt haben sich die neuen Digitalwaagen mit Leuchtanzeige. Sie sind batteriebetrieben und wiegen selbst kleinste Mengen, z. B. 10 Gramm präzise ab.

ADVENTSNAPFKUCHEN

Für eine Gugelhupfform von 22 cm Durchmesser oder für 8 kleine Förmchen von 11 cm Durchmesser und 6 cm Höhe

Teig:
360 g Mehl
1 Würfel frische Hefe
0,1 l lauwarme Vollmilch
120 g Zucker
3 Eigelb
2 Eier
180 g weiche Butter
70 g gewürfeltes Orangeat
70 g gewürfeltes Zitronat
70 g Rosinen
abgeriebene Schale einer halben, unbehandelten Orange
abgeriebene Schale einer halben, unbehandelten Zitrone
eine Prise Salz
20 g flüssige Butter für die Förmchen
40 g Mandelblättchen zum Ausstreuen der Förmchen

Zum Bestreichen:
150 g Läuterzucker (siehe Seite 18)
6 EL Orangenlikör

Zum Bestreuen:
Puderzucker

1. 125 g Mehl, die zerbröckelte Hefe und die Milch zu einem Brei verrühren.
2. Abgedeckt an einem warmen Ort 30 Minuten gehen lassen.
3. Übriges Mehl, Zucker, Eigelb, Eier, Butter, Orangeat, Zitronat, Rosinen, Orangen- und Zitronenschale sowie Salz zu dem Hefebrei in die Schüssel geben und alles mit den Knethaken eines elektrischen Handrührgerätes zu einem glatten Teig verkneten.
4. Mit einem sauberen Tuch abgedeckt an einem warmen Ort etwa 45 Minuten gehen lassen.
5. Die Förmchen oder die Form mit Butter auspinseln und mit den Mandelblättchen ausstreuen.
6. Jede Form zu dreiviertel mit dem Teig füllen, nochmals ca. 10 – 20 Minuten gehen lassen.
7. Im vorgeheizten Backofen bei 180 Grad die kleinen Förmchen ca. 30 Minuten, die große Form ca. 60 Minuten backen.
8. Zum Bestreichen den Läuterzucker mit dem Orangenlikör mischen.
9. Den Adventsnapfkuchen zum Auskühlen auf ein Kuchengitter stürzen.
10. Danach gleichmäßig mit der Läuterzucker-Orangenlikör-Mischung bestreichen.
11. Zum Schluß mit Puderzucker bestäuben. In Klarsichtfolie verpakken; so ist der Gugelhupf ca. 14 Tage lagerfähig. Ein ideales Geschenk in der Vorweihnachtszeit.

ULLAS HASELNUSSTORTE

Für eine Springform mit 22 cm Durchmesser

200 g Butter
100 g Zucker
1 Ei
100 g gemahlene, geröstete Haselnüsse
1 Msp Zimt
200 g Mehl
etwas Butter für die Form
2 EL Semmelbrösel
200 g Pflaumenmus
1 Eigelb zum Bestreichen
120 g grob gehackte Haselnüsse zum Bestreuen
Puderzucker

1. Butter, Zucker, Ei, Haselnüsse, Zimt und Mehl zu einem glatten Teig verarbeiten.
2. Die Springform buttern.
3. Zwei Drittel des Teiges in einen Spritzbeutel mit großer Lochtülle geben und den Boden der Springform gleichmäßig ausspritzen.
4. Den Rand etwas höher spritzen.
5. Den Teig gleichmäßig mit den Semmelbröseln bestreuen und das Pflaumenmus daraufstreichen.
6. Das restliche Drittel des Teiges in einen Spritzbeutel mit kleiner Lochtülle geben und wie ein Gitter auf das Pflaumenmus spritzen.
7. Das Eigelb verquirlen und das Teiggitter damit bestreichen.
8. Mit den Haselnüssen bestreuen und im vorgeheizten Backofen bei 180 Grad ca. 35 Minuten backen.
9. Die Haselnußtorte aus dem Ofen nehmen, den Springformrand vorsichtig lösen und entfernen.
10. Die Torte auf dem Springformboden auskühlen lassen und mit Puderzucker bestäuben.
11. Die Haselnußtorte mit einer Tortenscheibe vorsichtig vom Springformboden lösen und auf eine Tortenplatte legen.
12. Abgedeckt aufbewahren und möglichst erst nach einer Woche anschneiden, damit sich die Haselnußtorte geschmacklich voll entwikkeln kann.

WEIHNACHTSSTOLLEN

Für eine Stollenform

Teig:
450 g Mehl
110 g lauwarme Vollmilch
35 g Zucker
1 Würfel frische Hefe
90 g Rosinen
70 g Korinthen
135 g geschmolzene Butter
5 Eigelb
70 g abgezogene, grob gehackte Mandeln
50 g fein gewürfeltes Zitronat
50 g fein gewürfeltes Orangeat
1 EL Rum
1 TL Vanillezucker
abgeriebene Schale einer unbehandelten Zitrone
1 TL Salz
etwas Butter und Mehl für die Stollenform
100 g geschmolzene Butter zum Bestreichen

Zum Bestreuen:
100 g Puderzucker
1 TL gemahlener Piment

1. Das Mehl in eine große Schüssel sieben.
2. Die Milch mit dem Zucker, der zerbröckelten Hefe sowie 5 EL des gesiebten Mehls mischen.
3. Den Hefebrei mit einem Tuch abgedeckt ca. 20 Minuten an einem warmen Ort gehen lassen.
4. Die Rosinen und Korinthen waschen, abtropfen lassen und mit Küchenpapier trockentupfen.
5. Das gesiebte Mehl, die lauwarme Butter, das Eigelb und den Hefebrei mit den Knethaken eines elektrischen Handrührgerätes zu einem glatten Teig verkneten.
6. Rosinen, Korinthen, Mandeln, Zitronat, Orangeat, Rum, Vanillezucker, Zitronenschale und das Salz zum Teig geben und alles gut verkneten.
7. Mit einem Tuch abgedeckt an einem warmen Ort so lange gehen lassen, bis sich der Teig verdoppelt hat.
8. Eine Stollenform buttern und mit Mehl ausstreuen. Überschüssiges Mehl durch Stürzen der Form entfernen.
9. Den aufgegangenen Teig erneut durchkneten, in die Stollenform legen und abgedeckt 30 Minuten gehen lassen, bis der Teig die Form zu dreiviertel ausfüllt.
10. Die Form mit dem Teig so auf ein mit Backpapier ausgelegtes Backblech setzen, daß die Form nach oben zeigt.
11. Im vorgeheizten Backofen bei 170 Grad zunächst 45 Minuten backen.
11. Die Form abheben und den Stollen ohne Form 20 – 30 Minuten weiterbacken.
12. Den fertig gebackenen Stollen aus dem Ofen nehmen und sofort mit der flüssigen Butter einpinseln. Sobald sie vom Stollen aufgesogen worden ist, erneut bestreichen, bis sämtliche Butter verbraucht ist.
13. Den gesiebten Puderzucker mit dem Piment mischen.
14. Den Stollen dick damit bestäuben und auskühlen lassen.
15. In Klarsichtfolie einschlagen, zwei bis vier Wochen ruhen lassen.

KÜRBISKERN-KUCHEN

Für eine 20 cm lange Kastenform

Teig:
- *5 Eigelb*
- *3 EL flüssiger Honig*
- *3 EL Rum*
- *½ Päckchen Backpulver*
- *Salz*
- *5 Eiweiß*
- *60 g Zucker*
- *140 g gemahlene Kürbiskerne*
- *70 g geriebene Bitterkuvertüre*
- *50 g Mehl*
- *30 g flüssige Butter*
- *etwas Butter und Mehl für die Form*

Füllung:
- *150 g Preiselbeer- oder Heidelbeerkonfitüre mit ganzen Früchten*

Zum Bestäuben:
- *Puderzucker*

1. Eigelb, Honig, Rum, Backpulver und eine Prise Salz mischen und mit den Schneebesen eines elektrischen Handrührgerätes so lange schaumig rühren, bis eine cremige Masse entstanden ist.
2. Das Eiweiß mit den gesäuberten Schneebesen steif schlagen, dabei den Zucker langsam einrieseln lassen.
3. Den Eischnee vorsichtig unter die Eigelbmasse mischen.
4. Gemahlene Kürbiskerne, geriebene Kuvertüre und Mehl vorsichtig unterheben.
5. Zum Schluß die lauwarme Butter in den Teig laufen lassen und alles vorsichtig glattrühren.
6. Die Kastenform buttern und mit Mehl ausstreuen; überschüssiges Mehl durch Stürzen der Form entfernen.
7. Den Teig hineingeben und im vorgeheizten Backofen bei 180 Grad ca. 35 – 45 Minuten backen.
8. Den Kürbiskernkuchen in der Form auskühlen lassen, dann stürzen.
9. Den Kuchen zweimal waagerecht durchschneiden, so daß drei gleich große rechteckige Platten entstehen.
10. Die untere Kuchenplatte mit der Hälfte der Konfitüre bestreichen, die mittlere Platte daraufsetzen, die übrige Konfitüre darauf verteilen und die obere Kuchenplatte obenauf setzen.
11. Den fertigen Kürbiskernkuchen dick mit Puderzucker bestäuben; abgedeckt aufbewahren.

BERNHARDS ZILLERTALER ZELTEN

Der Zillertaler Zelten ist ein saftiges Früchtebrot

Füllung:
125 g Korinthen
125 g Rosinen
500 g fein gewürfelte getrocknete Feigen
160 g fein gewürfelte getrocknete Datteln
¼ l Obstler oder Rum

Teig:
450 g Mehl
0,1 l lauwarme Vollmilch
50 g Hefe
120 g weiche Butter
2 Eier
½ TL gemahlener Sternanis
½ TL Zimt
½ TL gemahlener Piment
abgeriebene Schale einer unbehandelten Orange
½ TL Salz
1 Eigelb zum Bestreichen
etwas Wasser

Zum Verzieren:
40 abgezogene Mandeln
Puderzucker

1. Die Zutaten für die Füllung bereits am Vortag miteinander vermischen und abgedeckt über Nacht im Kühlschrank durchziehen lassen.
2. Für den Teig das Mehl in eine Schüssel sieben und eine Vertiefung in die Mitte drücken.
3. Die Milch und die zerbröckelte Hefe in die Mulde geben, etwas verrühren und abgedeckt an einem warmen Ort 30 Minuten gehen lassen.
4. Butter, Eier, Sternanis, Zimt, Piment, Orangenschale und Salz dazugeben und alles mit den Knethaken eines elektrischen Handrührgerätes zu einem glatten Teig verkneten.
5. Mit einem Tuch abgedeckt an einem warmen Ort ca. 1 Stunde lang gehen lassen.
6. Ein Drittel des Teiges abnehmen und für die Hülle beiseite legen.
7. Den übrigen Teig mit den eingelegten Früchten verkneten und abgedeckt nochmals 30 Minuten gehen lassen.
8. Das beiseite gelegte Teigdrittel auf einer mit Mehl bestäubten Arbeitsfläche zu einem 35 x 40 cm großen Rechteck ausrollen.
9. Das Eigelb mit etwas Wasser verquirlen und den Teig damit bestreichen.
10. Aus dem Früchteteig eine Rolle formen, diese auf den ausgerollten Teig legen und darin einhüllen.
11. Auf ein mit Backpapier ausgelegtes Backblech legen.
12. Mehrmals mit einer Gabel einstechen und die übrige Eigelb-Wasser-Mischung daraufstreichen.
13. Die Mandeln darauflegen und andrücken.
14. Den Teig nochmals 30 Minuten gehen lassen, dann im vorgeheizten Backofen bei 200 Grad ca. 1 Stunde backen.
15. Aus dem Ofen nehmen, dick mit Puderzucker bestäuben und bei 250 Grad im Backofen so lange nachbacken, bis der Puderzucker karamelisiert ist.
16. Während dieser Zeit das Früchtebrot ständig beobachten, denn wenn der Zucker zu bräunen beginnt, ist er schnell karamelisiert.
17. Das Früchtebrot auf einem Kuchengitter auskühlen lassen; in Aluminiumfolie verpacken und vor dem Anschneiden mindestens eine Woche ruhen lassen.

MOHN-MAKRONEN-KUCHEN

Für eine 25 cm lange Kastenform

Mohnteig:

200 g Butter
175 g Zucker
1 EL Vanillezucker
2 Eier
2 Eigelb
eine Prise Salz
1 TL Backpulver
150 g Mehl
100 g fein gemahlener Mohn

Makronenteig:

2 Eiweiß
100 g Zucker
1½ TL gemahlener Sternanis
3 Tropfen Orangenblütenöl
175 g gemahlene Mandeln

1. Für den Mohnteig Butter, Zucker und Vanillezucker so lange mit den Schneebesen eines elektrischen Handrührgerätes schaumig schlagen, bis der Zucker völlig aufgelöst ist.
2. Unter ständigem Rühren die Eier, das Eigelb und eine Prise Salz nacheinander zugeben.
3. Backpulver, Mehl und Mohn mit einem Rührlöffel unterrühren.
4. Die Kastenform mit Backpapier auslegen oder buttern und mit Mehl ausstreuen.
5. Den Mohnteig hineingeben und kühl stellen.
6. Für den Makronenteig das Eiweiß mit den gesäuberten Schneebesen steif schlagen.
7. Den Zucker dabei langsam einrieseln lassen und so lange weiterschlagen, bis eine cremige Masse entsteht.
8. Sternanis, Orangenblütenöl und schließlich die Mandeln unterheben.
9. Die Kastenform aus dem Kühlschrank nehmen. Mit einem Löffel der Länge nach eine 4 cm breite und 4 cm tiefe Mulde in den Mohnteig drücken.
10. Den Makronenteig hineingeben und glattstreichen.
11. Im vorgeheizten Backofen bei 170 Grad ca. 1¼ Stunden backen.
12. Den Kuchen in der Form 10 – 15 Minuten ruhen lassen, dann stürzen und das Backpapier abziehen.
13. Abgedeckt aufbewahren. Dieser Kuchen ist sehr saftig und daher gut lagerfähig.

WEIHNACHTSTORTE

Für eine Springform mit 26 cm Durchmesser

Teig:
140 g gemahlene Mandeln
7 Eigelb
140 g Zucker
7 Eiweiß
80 g fein geriebene Bitterkuvertüre

Marzipancreme:
100 g Puderzucker
250 g weiche Butter
200 g Marzipanrohmasse
4 Eigelb
6 EL Mandellikör

Zum Belegen und Verzieren:
200 g Marzipanrohmasse
200 g Puderzucker

Zum Tränken:
100 g Läuterzucker (siehe Seite 18)
4 EL Mandellikör

Glasur:
500 – 600 g Kuvertüre

Zum Bestreuen:
3 EL Kakaopulver
Puderzucker

1. Die Mandeln in einer heißen Pfanne goldbraun rösten; beiseite stellen.
2. Eigelb und 90 g des Zuckers mit den Schneebesen eines elektrischen Handrührgerätes in einem Wasserbad warm aufschlagen.
3. Herausnehmen und unter ständigem Schlagen abkühlen lassen.
4. Das Eiweiß mit den gesäuberten Schneebesen steif schlagen, dabei den übrigen Zucker einrieseln lassen.
5. Abwechselnd die gerösteten Mandeln, die geriebene Kuvertüre und den Eischnee unter die Eigelbmasse heben.
6. Den Boden der Springform mit Backpapier auslegen und den Teig hineingeben.
7. Im vorgeheizten Backofen bei 180 Grad ca. 40 Minuten backen.
8. Für die Marzipancreme den gesiebten Puderzucker mit der Butter schaumig schlagen, bis eine cremige Masse entsteht.
9. Das zerbröckelte Marzipan mit dem Eigelb und dem Mandellikör glattrühren.
10. Diese Masse durch ein feines Sieb zu der Butter-Puderzucker-Creme streichen, beides miteinander mischen und beiseite stellen.
11. Die Marzipanrohmasse zum Belegen und Verzieren mit dem gesiebten Puderzucker glattkneten. In Klarsichtfolie einschlagen und beiseite stellen.
12. Den Läuterzucker mit dem Mandellikör zum Tränken der Torte verrühren. Beiseite stellen.
13. Den Tortenboden aus dem Ofen nehmen und in der Form auskühlen lassen.
14. Den Springformrand vorsichtig entfernen und den Tortenboden stürzen.

15. Den Springformboden abnehmen und das Backpapier vorsichtig abziehen.
16. Den Tortenboden zweimal waagerecht durchschneiden, so daß drei gleich dicke Gebäckscheiben entstehen.
17. Den Marzipanteig aus der Folie wickeln, halbieren und nacheinander auf einer dick mit Puderzucker bestäubten Arbeitsfläche 2 mm dünn ausrollen.
18. Mit dem leeren Springformrand zwei Marzipankreise ausstechen.
19. Den übrigen Marzipanteig wieder zusammenkneten und in Folie einwickeln.
20. Den untersten Tortenboden 2 mm dick mit der Marzipancreme bestreichen und einen Marzipankreis darauflegen.
21. Darauf wieder eine 2 mm dicke Marzipancremeschicht streichen und mit dem zweiten Tortenboden belegen.
22. Mit der Hälfte der Läuterzucker-Mandellikör-Mischung tränken.
23. Wieder eine 2 mm dicke Cremeschicht daraufstreichen, mit dem zweiten Marzipankreis belegen und darauf ebenfalls 2 mm Creme streichen.
24. Den letzten Tortenboden obenauf legen.
25. Mit der übrigen Flüssigkeit tränken und die ganze Torte, einschließlich des Tortenrandes mit der übrigen Creme bestreichen.
26. Die Torte ca. 2 Stunden gut durchkühlen lassen.
27. Für die Glasur die Kuvertüre schmelzen und temperieren.
28. Die Torte mit etwa zwei Drittel der Kuvertüre überziehen.
29. Den glasierten Tortenrand mit einem Sägemesser wellenförmig verzieren und vorsichtig mit Kakaopulver bestäuben.
30. Die übrige Kuvertüre dünn auf zwei glatte, rechteckige Platten streichen und bei Zimmertemperatur fast fest, aber nicht hart werden lassen.
31. Dann die Kuvertüre mit einem Metallspachtel in 5 cm breiten Bahnen schnell und ruckartig von den Platten schieben.
32. Die zusammengerollte Kuvertüre vorsichtig wie eine Blume auf der Torte anrichten (siehe Foto).
33. Den übrigen Marzipanteig aus der Folie nehmen, auf einer mit Puderzucker bestäubten Arbeitsfläche dünn ausrollen und kleine Weihnachtsmotive ausstechen.
34. Nach Belieben auf ein Backblech legen und unter einem vorgeheizten Grill leicht anbräunen lassen.
35. Die Torte damit verzieren und dünn mit Puderzucker bestäuben. Kühl aufbewahren.

BÄRENTATZEN

Für ca. 45 Bärentatzen

Teig:

250 g Butter
125 g Puderzucker
1 TL Vanillezucker
1 Ei
125 g gemahlene, geröstete Mandeln
1 TL gemahlener Ingwer
1 TL gemahlener Piment
abgeriebene Schale einer unbehandelten Orange
250 g Mehl

Füllung:

150 g Hagebutten-konfitüre

Glasur:

130 g Kuvertüre

1. Butter, Puder- und Vanillezucker mit den Schneebesen eines elektrischen Handrührgerätes glattrühren.
2. Das Ei dazugeben, die Mandeln, den Ingwer, den Piment, die Orangenschale und das Mehl unterrühren.
3. Den Teig in einen Spritzbeutel mit Sterntülle geben und Bärentatzenhälften auf ein mit Backpapier ausgelegtes Backblech spritzen. Dabei genügend Platz zwischen den einzelnen Hälften lassen, weil der Teig beim Backen etwas auseinanderläuft.

4. Etwa eine Stunde kühl stellen.
5. Im vorgeheizten Backofen bei 200 Grad ca. 15 Minuten backen.
6. Die Bärentatzenhälften auskühlen lassen.
7. Die Hälfte davon auf der flachen Rückseite mit der Konfitüre bestreichen und die übrigen Bärentatzenhälften daraufsetzen.
8. Für die Glasur die Kuvertüre schmelzen, temperieren und die Bärentatzen mit der Spitze hineintauchen.
9. Abtropfen lassen und zum Trocknen auf Pergamentpapier legen.
10. Die Bärentatzen in eine Gebäckdose schichten. Jede Schicht mit Pergamentpapier abdecken.

SCHOKOLADEN-KATZENZUNGEN

Für ca. 25 Stück
(Foto unten, rechts)

Teig:

125 g gemahlene Haselnüsse
120 g Zucker
3 Eiweiß
1 EL Vanillezucker
20 g fein geriebene Bitterkuvertüre
½ EL Kakaopulver

Glasur:

100 g weiße Schokolade
10 g Kokosfett
50 g Bitterkuvertüre

1. Die Haselnüsse und 40 g Zucker in eine Pfanne geben und unter Rühren hellbraun rösten. Beiseite stellen.
2. Das Eiweiß mit den Schneebesen eines elektrischen Handrührgerätes steif schlagen.
3. Den übrigen Zucker und den Vanillezucker dabei einrieseln lassen; so lange weiterschlagen, bis eine cremeartige Masse entstanden ist.
4. Kuvertüre, Kakao und abgekühlte Haselnüsse unterheben.
5. Ein Backblech mit Backpapier auslegen und den Teig in einen Spritzbeutel mit mittlerer Lochtülle geben.
6. Etwa 6 cm lange Teigstreifen auf das Backblech spritzen.
7. Im vorgeheizten Backofen bei 170 Grad ca. 15 Minuten backen.
8. Die Katzenzungen auskühlen lassen.
9. Für die Glasur die weiße Schokolade und das Kokosfett schmelzen, glattrühren und die Katzenzungen bis zur Hälfte hineintauchen.
10. Zum Trocknen auf Pergamentpapier legen.
11. Die Kuvertüre schmelzen und temperieren.
12. Die überzogenen Seiten der Katzenzungen mit der Spitze in die dunkle Kuvertüre tauchen.
13. Trocknen lassen und die Katzenzungen in eine Gebäckdose schichten. Jede Schicht mit Pergamentpapier abdecken.

NOUGATRINGE

Für ca. 40 Stück

Teig:

100 g Mehl
40 g Puderzucker
2 TL Vanillezucker
abgeriebene Schale einer unbehandelten Orange
eine Prise Salz
2 Eigelb
60 g Butter
etwas Mehl zum Ausrollen

Nougatcreme:

120 g abgezogene, grob gehackte Haselnüsse
160 g weiche Butter
360 g weicher, dunkler Mandelnougat
abgeriebene Schale einer unbehandelten Orange

Glasur:

ca. 500 g Vollmilchkuvertüre

Zum Verzieren:

40 g weiße Schokolade
1–2 Tropfen Wasser

1. Mehl, gesiebten Puderzucker, Vanillezucker, Orangenschale und eine Prise Salz in eine Schüssel geben.
2. Eine Vertiefung in die Mitte drücken und das Eigelb hineingeben.
3. Die Butter in Flöckchen auf den Rand setzen und alles mit den Knethaken eines elektrischen Handrührgerätes zu einem glatten Teig verkneten.
4. Für 2 Stunden in den Kühlschrank stellen.
5. Den gekühlten Teig auf einer mit Mehl bestäubten Arbeitsfläche 2 mm dünn ausrollen; Kreise von 5 cm Durchmesser ausstechen.
6. Aus der Kreismitte einen kleinen Kreis von 2,5 cm Durchmesser ausstechen, so daß Ringe entstehen.
7. Die Teigreste immer wieder zusammenkneten, ausrollen und Kreise ausstechen, bis der Teig verbraucht ist.
8. Ein Backblech mit Backpapier auslegen und die Teigringe vorsichtig daraufsetzen.
9. Im vorgeheizten Backofen bei 200 Grad ca. 10 Minuten backen.

10. Die Gebäckringe auskühlen lassen.
11. Für die Nougatcreme die Haselnüsse in einer heißen Pfanne hellbraun anrösten, beiseite stellen.
12. Butter, Mandelnougat und Orangenschale mit den Schneebesen eines elektrischen Handrührgerätes schaumig schlagen, bis eine spritzfähige Masse entstanden ist.
13. In einen Spritzbeutel mit kleiner Lochtülle geben und eine Nougatbordüre auf die Gebäckringe spritzen.
14. Die abgekühlten Haselnüsse darüberstreuen, leicht andrücken und alles kühl stellen.
15. Für die Glasur die Kuvertüre schmelzen, temperieren und die Nougatringe damit gleichmäßig überziehen. Oder die Ringe mit Hilfe einer Pralinengabel hineintauchen.
16. Gut abtropfen lassen und zum Trocknen auf Pergamentpapier legen.
17. Die weiße Schokolade im warmen Wasserbad schmelzen, mit Wasser glattrühren und in ein kleines Pergamentpapiertütchen füllen.
18. Eine winzige Spitze davon abschneiden und die Nougatringe mit feinen weißen Schokoladenlinien verzieren.
19. Abgedeckt im Kühlschrank aufbewahren.

KOLUMBIANER

Für ca. 25 Förmchen von 50 mm Durchmesser und 15 mm Höhe (Foto unten, links)

Teig:
90 g Butter
40 g Puderzucker
1 TL Vanillezucker
2 Eigelb
20 g Kakaopulver
1 EL Rum
1 EL Instant-Espressopulver
2 Eiweiß
40 g Zucker
50 g Mehl
20 g flüssige Butter für die Förmchen
eine Prise Salz

Glasur:
150 g Fondant
ca. 1 EL starker Espresso
(für beides ersatzweise 150 g Puderzucker mit ca. 2 EL starkem Espresso verrühren)

Zum Verzieren:
25 Schokoladen-Mokkabohnen
20 g Bitterschokolade

1. Butter, Puder- und Vanillezucker sowie eine Prise Salz mit den Schneebesen eines elektrischen Handrührgerätes schaumig schlagen.
2. Das Eigelb unterschlagen, Kakaopulver, Rum und Espressopulver untermischen.
3. Das Eiweiß mit den gesäuberten Schneebesen steif schlagen, den Zucker dabei einrieseln lassen.
4. Den Eischnee und das Mehl vorsichtig unter den Teig heben.
5. Die Förmchen mit der flüssigen Butter ausstreichen.
6. Den Teig in einen Spritzbeutel mit mittlerer Lochtülle füllen und die Förmchen zu zwei Drittel damit ausspritzen.
7. Im vorgeheizten Backofen bei 200 Grad ca. 12 – 15 Minuten backen.
8. Den Fondant für die Glasur im Wasserbad lauwarm werden lassen und mit dem Espresso glattrühren.
9. Die Kolumbianer auskühlen lassen und aus den Förmchen nehmen.
10. Die obere Seite der Kolumbianer in die Glasur tauchen.
11. Die Schokoladen-Mokkabohnen in die Mitte auf die noch weiche Glasur setzen und trocknen lassen.
12. Zum Verzieren die Bitterschokolade zerkleinern und im warmen Wasserbad schmelzen lassen.
13. Mit 1 – 2 Tropfen Wasser glattrühren.
14. In ein kleines Pergamentpapiertütchen füllen.
15. Ein winziges Loch in die Tütenspitze schneiden und feine Schokoladenlinien auf die Kolumbianer spritzen.
16. Sobald Glasur und Verzierung trocken sind, werden die Kolumbianer mit Folie abgedeckt, damit sie nicht austrocknen.

HIPPENRÖLLCHEN MIT SANDDORNCREME

Für ca. 50 Stück

Teig:

30 g Marzipanrohmasse
2 EL süße Sahne
90 g Puderzucker
2 kleine Eier
70 g Mehl
eine Prise Zimt
etwas Butter und Mehl für das Backblech

Sanddorncreme:

2 Eier
40 g Zucker
40 g Honig
abgeriebene Schale einer halben unbehandelten Orange
abgeriebene Schale einer halben unbehandelten Zitrone
140 g Butter
1 EL Puderzucker
2 EL ungesüßter Sanddornsirup

Glasur:

100 g Vollmilchkuvertüre

1. Das Marzipan zerbrökkeln und mit der Sahne glattrühren.

2. Nacheinander den gesiebten Puderzucker, die Eier, das Mehl und eine Prise Zimt unterrühren und den Teig durch ein feines Sieb streichen.

3. Ein Backblech buttern und mit Mehl bestäuben. Überschüssiges Mehl durch Stürzen des Bleches entfernen.

4. Etwas Teig mit einem Löffel auf das Backblech geben und mit dem Löffelboden zu sehr dünnen Kreisen von 5 cm Durchmesser verstreichen.

5. Im vorgeheizten Backofen bei 200 Grad in 5 – 7 Minuten hellbraun backen.
6. Das Gebäck mit einer Palette vorsichtig vom Backblech lösen und noch warm mit Hilfe eines Kochlöffelstieles kleine Röllchen daraus formen.
7. Auskühlen und fest werden lassen.
8. Für die Sanddorncreme Eier, Zucker, Honig, Orangen- und Zitronenschale im Wasserbad warm aufschlagen.
9. Herausnehmen und unter ständigem Schlagen abkühlen lassen.
10. Butter und Puderzucker in einer anderen Schüssel schaumig schlagen, mit der Eischaummasse vermischen und glattrühren.
11. Mit Sanddornsirup abschmecken und die Creme in einen Spritzbeutel mit kleiner Lochtülle geben.
12. In die Hippenröllchen spritzen.
13. Für die Glasur die Kuvertüre schmelzen, temperieren und die Enden der Hippenröllchen hineintauchen.
14. Abtropfen lassen und zum Trocknen auf Backpapier legen.
15. Mit Hilfe einer Gabel dünne Fäden von der übrigen Kuvertüre über die Röllchen schütteln.

VERLORENE KIRSCHEN

Für ca. 30 kleine Papierförmchen von 2,5 cm Bodendurchmesser (Foto unten, links)

Teig:

140 g Marzipanrohmasse
1 Ei
1 Eigelb
90 g Butter
40 g Zucker
1 TL Vanillezucker
20 g Honig
1 EL Zitronensaft
1 EL Kirschwasser
20 g Mehl
eine Prise Salz

Füllung:

30 kleine, eingelegte Kirschen

Kirschglasur:

150 g Puderzucker
3 EL Kirschsaft
1 EL Kirschwasser

1. Die Marzipanrohmasse mit den Knethaken eines elektrischen Handrührgerätes gut durchkneten.
2. Das Ei und das Eigelb nach und nach unterkneten, damit sich keine Klümpchen bilden. Die Masse beiseite stellen.
3. Butter, Zucker und Vanillezucker miteinander verrühren, nicht schaumig schlagen.
4. Die Marzipan-Eier-Masse, den Honig, den Zitronensaft, das Kirschwasser, das Mehl und eine Prise Salz nacheinander unter die Butter-Zucker-Masse rühren.
5. Den Teig in einen Spritzbeutel mit mittlerer Lochtülle geben.
6. Die Kirschen in einem Sieb abtropfen lassen und den Saft für die Glasur auffangen.
7. Etwas Teig in jedes Förmchen spritzen, je eine Kirsche darauflegen und etwas Teig darüberspritzen.
8. Die gefüllten Förmchen auf ein Backblech setzen und im vorgeheizten Backofen bei 200 Grad ca. 15 – 18 Minuten backen.
9. Für die Glasur den gesiebten Puderzucker mit Kirschsaft und -wasser glattrühren.
10. Das Gebäck mit den versunkenen Kirschen auskühlen lassen.
11. Die überstehende Gebäckoberfläche in die Kirschglasur tauchen und trocknen lassen.
12. In einer Gebäckdose oder mit Folie abgedeckt aufbewahren.

INGWERHÄPPCHEN

Für ca. 45 Stück, in 5 x 2,5 cm großen, 1 cm tiefen Förmchen oder in kleinen Stanniolkapseln gebacken

Teig:
100 g flüssige Butter
120 g Zucker
4 Eiweiß
60 g Mehl
70 g gemahlene, geröstete Mandeln
5 g fein gehackte, eingelegte Ingwerknolle
1 TL Ingwerpulver
abgeriebene Schale einer unbehandelten Orange
20 g flüssige Butter für die Förmchen

Glasur:
100 g Bitterkuvertüre

Zum Verzieren:
45 Pinienkerne oder Mandelviertel

1. Lauwarme Butter, Zucker, Eiweiß, Mehl, Mandeln, Ingwer und Orangenschale miteinander zu einem glatten Teig verrühren.
2. Die Förmchen mit Butter auspinseln.
3. Den Teig in einen Spritzbeutel mit kleiner Lochtülle geben und die Förmchen zu dreiviertel damit füllen.
4. Im vorgeheizten Backofen bei 220 Grad ca. 12 – 15 Minuten backen.

5. Auskühlen lassen.
6. Vorsichtig aus den Förmchen nehmen.
7. Für die Glasur die Kuvertüre schmelzen, temperieren und die obere Seite der Ingwerhäppchen hineintauchen.
8. Kurz bevor die Kuvertüre trocken ist, die Ingwerhäppchen mit Pinienkernen verzieren.
9. Das Gebäck möglichst nebeneinander in einer Dose aufbewahren.

MANDEL-HÄUFCHEN

Für ca. 30 Stück
(Foto unten, links)

200 g Mandelstifte
2 EL Läuterzucker
(siehe Seite 18)
90 g Vollmilchkuvertüre

1. Die Mandelstifte gut mit dem Läuterzucker mischen.
2. Auf einem Backblech oder in einer Pfanne mit hitzebeständigen Griffen verteilen.
3. Im vorgeheizten Backofen bei 200 Grad in ca. 10 Minuten goldbraun anrösten. Die Mandeln während dieser Zeit gelegentlich umrühren und ständig beobachten, damit sie nicht zu stark bräunen.
4. Herausnehmen und auskühlen lassen. Ab und zu umrühren, damit sie nicht aneinander kleben.
5. Die Kuvertüre schmelzen, temperieren und die Mandelstifte dazugeben.
6. Beides gut miteinander vermengen, so daß alle Mandelstifte vollständig mit Kuvertüre überzogen sind.
7. Mit Hilfe von zwei Eßlöffeln kleine Häufchen von der Mandelsplittermasse abnehmen und zum Trocknen auf Backpapier setzen. Dabei sehr zügig arbeiten, weil die Kuvertüre verhältnismäßig schnell fest wird.
8. Die fest gewordenen Mandelhäufchen in eine Gebäckdose schichten; jede Schicht mit Pergamentpapier abdecken.

VANILLE-KIPFERLN

Für ca. 65 Stück

Teig:
50 g fein gemahlene Mandeln
190 g Butter
75 g Puderzucker
2 Eigelb
Mark einer Vanillestange
abgeriebene Schale einer unbehandelten Zitrone
60 g fein gemahlene Haselnüsse
270 g Mehl
eine Prise Salz

Zum Wälzen:
150 g Puderzucker
3 Päckchen Vanillezucker
Mark einer Vanillestange

1. Die Mandeln in einer heißen Pfanne bräunen; beiseite stellen und abkühlen lassen.
2. Die Butter in kleine Stücke schneiden.
3. Alle Zutaten für den Teig in eine Schüssel geben und mit den Knethaken eines elektrischen Handrührgerätes zu einem glatten Teig verkneten.
4. Den Teig in Klarsichtfolie wickeln und für 2 Stunden kühl stellen.
5. Ein Backblech mit Backpapier auslegen.
6. Aus dem Teig ca. 65 kleine Stränge formen und wie kleine Hörnchen (Kipferln) zurechtbiegen.
7. Auf das Backblech setzen und im vorgeheizten Backofen bei 200 Grad ca. 12 – 15 Minuten backen.
8. Den Puderzucker sieben, mit Vanillezucker und -mark vermengen.
9. Die Kipferln leicht abkühlen lassen.
10. Kurz bevor sie ganz abgekühlt sind, vorsichtig in dem Vanille-Puderzucker wälzen.
11. Die fertigen Vanillekipferln in einer Gebäckdose aufbewahren. Nach einer Woche schmecken sie am besten.

WEIHNACHTS-STERNE

Für 30 bis 50 Stück, je nach Größe der Ausstechform (Foto auf der Titelseite)

Teig:
- *375 g Mehl*
- *125 g Puderzucker*
- *2 Eigelb*
- *1 Prise Salz*
- *abgeriebene Schale einer halben Zitrone*
- *250 g Butter*

Glasur:
- *200 g Puderzucker*
- *4 EL Zitronensaft*
- *20 g Pistazienkerne*

Für die Weihnachtsbäume:
- *150 g Himbeerkonfitüre*
- *100 g Puderzucker*

1. Mehl und Puderzucker separat durchsieben.
2. Puderzucker, Eigelb, Salz und abgeriebene Zitronenschale schlagen, bis eine helle und dickliche Creme entstanden ist.
3. Die weiche Butter daruntermischen, und das Mehl mit den Händen unterkneten.
4. Den Teig für 2 Stunden kühlstellen. Auf der leicht bemehlten Arbeitsfläche etwa 4 mm dick ausrollen, Sterne ausstechen und auf das Backblech legen.
5. Für zusammengesetzte Weihnachtsbäumchen benötigt man fünf Stern-Ausstechformen von etwa 1 bis 7 cm Größe.
6. Die Sterne im vorgeheizten Backofen bei 200 Grad 7 bis 10 Minuten goldgelb backen. Auf einem Rost abkühlen lassen.
7. Für die Weihnachtssterne den Puderzucker mit Zitronensaft glattrühren und die abgekühlten Sterne damit bestreichen. Auf jeden Stern eine halbe Pistazie setzen.
8. Für die Weihnachtsbäumchen die Konfitüre erwärmen, durch ein Sieb streichen und die Sterne damit zu Bäumchen zusammensetzen. Mit Puderzucker bestäuben.

WILHELMINE KLÖCKNERS ZIMTKARTEN

Für ca. 90 Stück, in einem Oblaten-Waffeleisen gebacken

Teig:

125 g Butter
280 g Puderzucker
3 Eier
45 g Kakaopulver
½ TL gemahlene Gewürznelken
20 g Zimt
3 EL Rum
340 g Mehl

Zum Bestreuen:

Puderzucker

1. Butter und Puderzucker mit den Schneebesen eines elektrischen Handrührgerätes schaumig rühren.
2. Unter ständigem Rühren nach und nach die Eier dazugeben.
3. Mit Kakao, Gewürznelken, Zimt, Rum und Mehl zu einem glatten Teig verarbeiten.
4. Den Teig mindestens 6 Stunden abgedeckt im Kühlschrank ruhen lassen.
5. Ein Oblaten-Waffeleisen vorheizen.
6. Aus dem Teig mit nassen Händen kirschgroße Kugeln formen.
7. Auf jede Waffelkarte des Eisens eine Kugel legen.
8. Die Teigkugeln beim Zusammenklappen des Eisens fest in die Waffelkarten drücken und in ca. 3 Minuten gut ausbacken.
9. Die aneinanderklebenden Waffeln noch heiß auseinanderschneiden, damit sie nicht zerbrechen.
10. Die fertigen Waffeln auskühlen lassen und leicht mit Puderzucker bestäuben.
11. Etwa zwei bis drei Wochen in einer Gebäckdose aufbewahren, dann sind sie schön mürbe.

ZIMTSTERNE

Für ca. 80 Stück

Teig:
200 g weiche Butter
150 g Zucker
20 g Vanillezucker
2 Eigelb
250 g Mehl
70 g abgezogene, gemahlene Mandeln
2 TL Zimt
eine Prise Salz

Zum Bestreichen:
2 Eigelb
2 EL Vollmilch

Zum Verzieren:
175 g abgezogene, halbierte Mandeln

1. Butter, Zucker und Vanillezucker mit den Schneebesen eines elektrischen Handrührgerätes schaumig schlagen, bis der Zucker völlig aufgelöst ist.
2. Nacheinander das Eigelb, eine Prise Salz, das Mehl und die Mandeln unterrühren.
3. Zum Schluß den Zimt untermischen und den Teig abgedeckt etwa 6 Stunden im Kühlschrank ruhen lassen.
4. Den Teig in Sechstel aufteilen und nacheinander auf einer bemehlten Arbeitsfläche oder zwischen zwei Blatt Klarsichtfolie etwa 2 mm dünn ausrollen.
5. Mit einer Ausstechform Sterne ausstechen und auf ein mit Backpapier ausgelegtes Backblech legen.
6. Das Eigelb mit der Milch verquirlen und die Sterne damit bestreichen.
7. Jeden Stern in der Mitte mit einer halbierten Mandel verzieren.
8. Im vorgeheizten Backofen bei 175 Grad etwa 10 Minuten backen.
9. Die Zimtsterne auskühlen lassen.
10. In eine Gebäckdose schichten. Nach 10 – 14 Tagen sind sie schön mürbe und zart.

IRMIS WALNUSS-STANITZEL

Für ca. 20 Stück

Teig:
125 g Mehl
2 Eigelb
½ EL saure Sahne
125 g kalte Butter
etwas Mehl zum Ausrollen
1 Eigelb zum Bestreichen

Füllung:
2 Eiweiß
125 g Zucker
125 g gemahlene Walnüsse

Glasur:
50 g Puderzucker
2 EL Wasser oder Rum

Zum Verzieren:
50 g Kuvertüre

1. Das Mehl in eine Schüssel sieben und eine Mulde in die Mitte drücken.
2. Eigelb und saure Sahne miteinander verrühren, in die Mehlmulde gießen und die Butter in kleinen Flöckchen auf den Mehlrand setzen.
3. Mit den Knethaken eines elektrischen Handrührgerätes schnell zu einem glatten Teig verkneten.
4. Mit Klarsichtfolie abgedeckt über Nacht in den Kühlschrank stellen.
5. Am nächsten Tag das Eiweiß für die Füllung steif schlagen.
6. Dabei den Zucker einrieseln lassen und so lange schlagen, bis eine cremeartige Masse entstanden ist.
7. Die Walnüsse vorsichtig unterheben.
8. Den gekühlten Teig auf einer mit Mehl bestäubten Arbeitsfläche etwa 3 mm dünn ausrollen und Kreise von 7 cm Durchmesser ausstechen.
9. Das Eigelb mit etwas Wasser verquirlen; die Teigkreise damit bestreichen.
10. In die Mitte jeweils ein kleines Häufchen von der Füllung setzen.
11. Den Teig so um die Füllung herumlegen, daß kleine Tütchen entstehen und auf ein mit Backpapier ausgelegtes Backblech legen.
12. Möglichst noch einmal kühl stellen, damit die Stanitzel beim Backen ihre Form behalten.
13. Im vorgeheizten Backofen bei 170 Grad ca. 15 Minuten backen. Auskühlen lassen.

14. Für die Glasur den gesiebten Puderzucker mit dem Wasser oder dem Rum glattrühren.
15. Die Gebäcktütchen bis auf die Füllung mit der Glasur überziehen und zum Trocknen auf Pergamentpapier legen.
16. Zum Verzieren die Kuvertüre schmelzen, temperieren und in ein Pergamentpapiertütchen füllen.
17. Eine winzige Spitze von dem Tütchen abschneiden; die Ränder an der Füllung und die Spitzen der Walnußstanitzel damit verzieren.
18. Sobald die Kuvertüre getrocknet ist, die Walnußstanitzel in eine Gebäckdose schichten. Jede Schicht mit Pergamentpapier abdecken.

CHRISTAS NUSSPFENNIGE

Für ca. 200 Stück

190 g Mehl
65 g Speisestärke
1 TL Backpulver
125 g Zucker
2 Päckchen Vanillezucker
1 Ei
3 Tropfen Bittermandelöl
abgeriebene Schale einer unbehandelten Zitrone
125 g geviertelte Haselnüsse
125 g Butter

1. Alle Zutaten in eine Schüssel geben; die Butter dabei in Flöckchen zerteilen.
2. Zu einem glatten Teig verkneten.
3. Den Teig in kleine Portionen aufteilen und zu pfennigdicken Rollen formen.
4. Auf ein Brett oder eine Platte legen und abgedeckt kühl stellen.
5. Die gut durchgekühlten, festen Teigstränge gegebenenfalls noch einmal leicht in Form rollen; dann mit einem scharfen Messer in ½ cm dicke Scheiben schneiden.
6. Ein Backblech mit Backpapier auslegen und die Teigpfennige darauflegen.
7. Im vorgeheizten Backofen bei 200 – 220 Grad ca. 10 Minuten backen.
8. Auskühlen lassen und dann in einer Gebäckdose gut verschlossen aufbewahren. Nach einer Woche schmecken die Nußpfennige am besten.

ERDNUSS-SCHIFFCHEN

Für ca. 48 Stück, in 6 cm langen Schiffchenformen gebacken.

Teig:
120 g Mehl
30 g Puderzucker
65 g Butter
2 Eigelb
1 TL Vanillezucker
abgeriebene Schale je einer halben unbehandelten Zitrone und Orange
eine Prise Salz
etwas Mehl zum Ausrollen und Butter für die Förmchen

Füllung:
70 g süße Sahne
20 g Butter
150 g Vollmilchkuvertüre
50 g Erdnußkerne
1 TL Puderzucker

Zum Verzieren:
48 halbe Erdnußkerne

1. Alle Zutaten für den Teig in eine Schüssel geben und zu einem glatten Teig verkneten.
2. Etwa 2 Stunden abgedeckt im Kühlschrank ruhen lassen.
3. Inzwischen die Sahne für die Füllung mit der Butter aufkochen, dann beiseite stellen.
4. Die Kuvertüre zerkleinern, in der heißen Sahne auflösen und die Masse abkühlen lassen.
5. Alle Erdnüsse, auch die zum Verzieren, mit dem gesiebten Puderzucker in eine Pfanne geben, unter Rühren anrösten, beiseite stellen.
6. Den gekühlten Teig auf einer mit Mehl bestäubten Arbeitsfläche 2 mm dünn ausrollen.
7. Die Schiffchenformen buttern, dicht nebeneinanderstellen und den Teig mit Hilfe des Nudelholzes darauflegen.
8. Mit der Hand in die Förmchen drücken und den überstehenden Teig entfernen.
9. Den Teig in den Förmchen mit einer Gabel einstechen, damit sich beim Backen keine Luftblasen bilden können.
10. Im vorgeheizten Backofen bei 200 Grad in ca. 10 – 12 Minuten hellbraun backen.

11. Auskühlen lassen, dann vorsichtig aus den Förmchen nehmen.
12. Zum Verzieren 48 Erdnußhälften beiseite legen.
13. Die übrigen Erdnüsse mittelfein hacken und unter die abgekühlte, aber nicht feste Sahne-Kuvertüre rühren.
14. In die gebackenen Schiffchen füllen und mit je einer halben Erdnuß verzieren.
15. Mit Folie abgedeckt kühl aufbewahren.

PFEFFERNÜSSE

Für ca. 80 Stück

190 g Zucker
2 Eier
1 EL Vanillezucker
250 g Mehl
½ Päckchen Backpulver
30 g gemahlene Mandeln
30 g fein gehacktes Zitronat
1 EL Zimt
1 kleine Msp gemahlene Gewürznelken
1 kleine Msp frisch gemahlener schwarzer Pfeffer

1. Zucker, Eier und Vanillezucker schaumig schlagen, die übrigen Zutaten dazugeben und alles zu einem glatten Teig verkneten. Abgedeckt eine Stunde kühl stellen.
2. Auf einer mit Mehl bestäubten Arbeitsfläche fingerdick ausrollen und Kreise von 3 cm Durchmesser ausstechen.
3. Auf Porzellanteller legen; mit einem Tuch abgedeckt an einem kühlen Ort ein bis zwei Tage trocknen lassen.
4. Die Teigkreise vor dem Backen umdrehen, auf ein mit Backpapier ausgelegtes Backblech setzen und im vorgeheizten Backofen bei 200 Grad 10 – 12 Minuten backen.
5. Auskühlen lassen.
6. Die Pfeffernüsse in eine Gebäckdose schichten. Mindestens 14 Tage ruhen lassen, damit die Gewürze gut durchziehen.

GULDENTALER

Für ca. 30 Stück

Teig:
65 g Butter
65 g Zucker
1 Ei
1 hartgekochtes Eigelb, durch ein Sieb gestrichen
120 g Mehl
½ TL Hirschhornsalz
etwas Mehl zum Formen

Zum Bestreichen:
1 Eigelb
1 TL süße Sahne
1 EL Eierlikör

Zum Bestreuen:
3 EL Farinzucker

1. Butter und Zucker mit den Schneebesen eines elektrischen Handrührgerätes schaumig rühren, bis der Zucker völlig aufgelöst ist.
2. Das Ei und das hartgekochte Eigelb untermischen.
3. Das Mehl dazugeben, das Hirschhornsalz in wenig Wasser auflösen und untermischen.
4. Alles zu einem glatten Teig verarbeiten und kühl stellen.
5. Den gekühlten Teig auf einer mit Mehl bestäubten Arbeitsfläche zu einer Rolle von ca. 3 cm Durchmesser formen.
6. In Klarsichtfolie wickeln und erneut für 1 Stunde kühl stellen.
7. Ein Backblech mit Backpapier auslegen, die Teigrolle in ½ cm dicke Scheiben schneiden und auf das Backblech legen.
8. Eigelb, Sahne und Eierlikör miteinander verrühren und die Plätzchen damit bestreichen.
9. Den Farinzucker darüberstreuen.
10. Im vorgeheizten Backofen bei 200 Grad ca. 10 Minuten backen.
11. Auskühlen lassen.
12. Die Guldentaler in einer Gebäckdose verschlossen aufbewahren. Nach etwa 10 – 14 Tagen Lagerung werden sie schön mürbe.

VANILLE-MAKRONEN-GEBÄCK

Für ca. 75 Stück

Grundteig:
330 g Mehl
280 g Butter
120 g Puderzucker
120 g abgezogene, fein gemahlene Mandeln
Mark einer Vanillestange
1 EL Rum
abgeriebene Schale einer unbehandelten Zitrone
eine Prise Salz

Teigrand:
200 g Marzipanrohmasse
2 Eigelb

Füllung:
150 g Johannisbeergelee
150 g Aprikosengelee
2 EL Wasser

1. Alle Zutaten für den Grundteig in eine Schüssel geben und mit den Knethaken eines elektrischen Handrührgerätes zu einem glatten Teig verkneten.
2. Den Teig in Klarsichtfolie einschlagen und 12 Stunden im Kühlschrank ruhen lassen.
3. Am nächsten Tag für den Teigrand die zerbrökkelte Marzipanrohmasse und das Eigelb miteinander verkneten.
4. In einen Spritzbeutel mit kleiner Sterntülle füllen, beiseite legen.
5. Den Grundteig aus dem Kühlschrank nehmen, die Folie entfernen.
6. Den Teig auf einer bemehlten Arbeitsfläche etwa 2 – 3 mm dünn ausrollen und nicht zu feine Weihnachtsmotive, z. B. Glocken, Tannenbäume, ausstechen.
7. Vorsichtig auf ein mit Backpapier ausgelegtes Backblech setzen und mit einer Gabel einstechen, damit sich beim Backen keine Luftbläschen bilden können.
8. Auf den Rand der Plätzchen eine Bordüre aus der vorbereiteten Marzipan-Eigelb-Masse spritzen.
9. Im vorgeheizten Backofen bei 200 Grad 12 – 15 Minuten backen.
10. Die fertigen Plätzchen auskühlen lassen.
11. In der Zwischenzeit für die Füllung die beiden Gelees getrennt voneinander mit je 1 EL Wasser verrühren und sirupartig einkochen lassen.
12. Beide Gelees glattrühren und etwas abkühlen lassen.
13. Aus Pergamentpapier zwei kleine Tütchen formen, jeweils mit Gelee füllen, verschließen und die Spitzen der Tütchen abschneiden.
14. Den Innenraum der Plätzchen abwechselnd mit rotem und gelbem Gelee ausfüllen.
15. Wenn das Gelee fest geworden ist, die Plätzchen in Gebäckdosen schichten; jede einzelne Schicht mit Pergamentpapier abdecken. Die Dosen gut verschließen.

FEIGENSCHÄUMCHEN

Für ca. 40 Backoblaten von 5 cm Durchmesser

160 g getrocknete Feigen
160 g Mandelstifte
2 Eiweiß
120 g Puderzucker
40 – 50 Backoblaten

1. Die Feigen fein würfeln, und die Mandelstifte unter ständigem Rühren in einer heißen Pfanne bräunen.
2. Das Eiweiß ca. 15 (!) Minuten lang mit den Schneebesen eines elektrischen Handrührgerätes sehr steif schlagen, dabei den gesiebten Puderzucker einrieseln lassen.
3. Die Feigen und die gebräunten Mandeln vorsichtig unter den Eischnee heben.
4. Mit Hilfe zweier Teelöffel kleine Häufchen von der Schaummasse abstechen und auf die Backoblaten setzen.
5. Auf ein Backblech legen und im vorgeheizten Backofen bei 170 Grad ca. 20 Minuten backen.
6. Die Feigenschäumchen auskühlen lassen, danach in eine Gebäckdose schichten. Jede Schicht mit Pergamentpapier abdecken. Gut verschlossen aufbewahren.

EINFACHE SCHÄUMCHEN

(Foto auf der Titelseite)

1. Feigen und Mandelstifte weglassen. Eiweiß, wie unter Punkt 2 beschrieben, mit dem Puderzucker schlagen.
2. Den Eischnee in einen Spritzbeutel mit Sterntülle füllen und gleichmäßige Tupfen auf die Oblaten setzen.
3. Mit Zuckerperlen bestreuen und bei 90 bis 100 Grad im Backofen für 2 bis 3 Stunden mehr trocknen als backen. Dabei die Backofentür einen Spalt breit offenlassen, damit die Feuchtigkeit entweichen kann.

MUTTIS SPAGATKRAPFEN

Für ca. 40 Stück

Teig:
250 g Mehl
30 g Puderzucker
1 Ei
abgeriebene Schale einer unbehandelten Zitrone
½ TL Zimt
3 EL Weißwein
125 g weiche Butter
eine Prise Salz
etwas Mehl zum Ausrollen
ca. 1 kg Butterschmalz zum Fritieren

Zum Wälzen:
200 g Puderzucker
1 EL Zimt

1. Alle Zutaten für den Teig in eine Schüssel geben.
2. Zu einem glatten Teig verkneten, mit Klarsichtfolie abdecken und mindestens 6 Stunden kühl stellen.
3. Den Teig auf einer mit Mehl bestäubten Arbeitsfläche 1–2 mm dünn ausrollen und mit einem Teigrädchen 5 x 8 cm große Rechtecke ausradeln.
4. Auf ein mit Mehl bestäubtes Blech legen und erneut kühl stellen.
5. Das Butterschmalz in einem Topf oder in einer Friteuse auf ca. 170 Grad erhitzen.
6. Ein Teigstück auf die Spagatkrapfenform (siehe Seite 10/11) klemmen, für ca. 3–5 Minuten in das heiße Butterschmalz halten und den hellbraun ausgebackenen Spagatkrapfen abtropfen lassen.
7. Von der Form auf ein mit einem Tuch ausgelegtes Blech schütteln.
8. Die übrigen Krapfen Stück für Stück auf die gleiche Weise herstellen.
9. Den Puderzucker sieben und mit dem Zimt vermischen.
10. Die Spagatkrapfen darin wälzen und in einer Gebäckdose aufbewahren. Nach einer Woche sind sie besonders mürbe und zart.

GLÜHWEINDREISPITZE

Für ein Backblech

Glühwein:
¼ l Rotwein
abgeriebene Schale einer halben unbehandelten Zitrone und Orange
Saft je einer halben Zitrone und Orange
40 g Zucker
3 Gewürznelken
½ Zimtstange

Teig:
250 g Butter
2 EL Vanillezucker
250 g Zucker
4 Eier
150 g fein geriebene Kuvertüre
250 g Mehl
1 Päckchen Backpulver
⅛ l Glühwein

Glasur:
4 – 5 EL Glühwein
200 g Puderzucker

Zum Bestreuen:
120 g gehackte, geröstete Mandeln

1. Die Zutaten für den Glühwein in einen Topf geben.
2. Erhitzen, aber nicht kochen, und ca. 10 Minuten ziehen lassen.
3. Durch Kaffeefilterpapier gießen und die Mengen für den Teig und für die Glasur abmessen.
4. Butter, Vanillezucker und Zucker mit den Schneebesen eines elektrischen Handrührgerätes schaumig rühren. Ein Ei nach dem anderen zugeben und weiter schaumig schlagen.
5. Nach und nach die Kuvertüre, das Mehl, das Backpulver und den Glühwein unterrühren.
6. Den Teig so lange weiterrühren, bis die Masse luftig ist.
7. Das Backblech mit Backpapier auslegen und den Teig bis zu dreiviertel Randhöhe daraufgeben.
8. Im vorgeheizten Backofen bei 200 Grad ca. 25 – 30 Minuten backen.
9. Der Kuchen ist fertig, wenn sich eine zarte Kruste gebildet hat und die Oberfläche bei vorsichtiger Berührung leicht federt.
10. Auf dem Backblech auskühlen lassen.
11. Für die Glasur den Glühwein und den gesiebten Puderzucker miteinander verrühren.
12. Auf die Oberfläche des Kuchens streichen und die Mandeln darüberstreuen.
13. Die Glasur trocknen lassen, danach den Kuchen zuerst in Streifen, dann in Dreiecke schneiden.
14. Mit Klarsichtfolie abgedeckt oder in einer Gebäckdose aufbewahren.

PUNSCHKRAPFERL

Für ca. 30 Stück

Teig:

3 Eier
abgeriebene Schale einer halben unbehandelten Zitrone
90 g Zucker
1 TL Vanillezucker
70 g Mehl
30 g flüssige Butter
etwas Zucker zum Bestreuen

Füllung:

150 g Butter
1 EL Puderzucker
2 Eier
70 g Zucker
2 EL Rotwein
4 EL Rum
abgeriebene Schale einer unbehandelten Orange

Glasur:

500 g Fondant
2 EL Rotwein

Zum Verzieren:

Verschiedene kandierte Früchte oder Nußkerne

1. Eier, Zitronenschale, Zucker und Vanillezucker im heißen Wasserbad mit den Schneebesen eines elektrischen Handrührgerätes schaumig aufschlagen, bis die Masse warm ist.
2. Herausnehmen und in einem kalten Wasserbad unter Rühren abkühlen lassen.
3. Das Mehl darübersieben und zusammen mit der lauwarmen Butter vorsichtig unter die Eischaummasse heben.
4. Ein Backblech mit Backpapier auslegen und den Teig gleichmäßig darauf verteilen.
5. Im vorgeheizten Backofen bei 200 Grad ca. 15 Minuten backen.
6. Den gebackenen Biskuit auf ein dünn mit Zucker bestreutes Geschirrtuch stürzen und das Backpapier vorsichtig abziehen.
7. Das Gebäck auskühlen lassen, zwei 14x22 cm große Rechtecke daraus ausschneiden und beiseite stellen.
8. Die Biskuitreste zerbröseln, ebenfalls beiseite stellen.
9. Für die Füllung die Butter mit dem gesiebten Puderzucker schaumig schlagen.
10. Die Eier und den Zucker im warmen Wasserbad schaumig schlagen, herausnehmen und unter ständigem Schlagen abkühlen lassen. Butter- und Eiermasse müssen die gleiche Temperatur haben.
11. Beide Massen miteinander vermischen; Rotwein, Rum, Orangenschale und Biskuitbrösel unterrühren.
12. Die Füllung auf eines der Biskuitrechtecke streichen und das zweite Rechteck obenauf legen.
13. Ein mit Aluminiumfolie bespanntes Brettchen darauflegen, mit ein oder zwei Paketen Mehl beschweren und alles ca. 3 Stunden kühl stellen.
14. Mit einer Ausstechform Kreise von 3 cm Durchmesser aus dem Gebäck ausstechen; auf ein Kuchengitter legen.
15. Erneut kühl stellen.
16. Den Fondant zusammen mit dem Rotwein im Wasserbad auf 35 Grad erwärmen und dabei zu einer gleichmäßigen Glasurmasse verrühren.
17. Die Punschkrapferl damit überziehen und, kurz bevor die Glasur trocken ist, mit kandierten Fruchtstücken oder Nüssen verzieren. Kühl aufbewahren.

Tip: Die Gebäckreste, die beim Ausstechen der Punschkrapferl anfallen, können für ein Dessert, z. B. mit Fruchtsaft getränkt und mit Vanillecreme geschichtet, verwendet werden.

APRIKOSENPLÄTZCHEN

Für ca. 45 Stück, auf einem Florentiner-Blech mit Vertiefungen (4 cm Durchmesser) gebacken

120 g fein gemahlene Mandeln
140 g Puderzucker
50 g Mehl
6 EL Vollmilch
60 g zerlassene Butter
4 Eiweiß
1 EL Vanillezucker
eine Prise Salz
etwas Butter und Mehl für das Blech
100 g Aprikosenkonfitüre
1 EL Rum
Puderzucker zum Bestäuben

1. Mandeln, Puderzucker und Mehl mischen.
2. Erst die Milch, dann die lauwarme Butter untermischen.
3. Das Eiweiß mit den Schneebesen eines elektrischen Handrührgerätes steif schlagen, dabei den Vanillezucker und eine Prise Salz einstreuen.
4. Den Eischnee vorsichtig unter die Mandelmasse heben.
5. Die Vertiefungen des Florentiner-Bleches ausbuttern und mit Mehl ausstreuen.
6. Das überschüssige Mehl durch Stürzen des Bleches entfernen.
7. Den Teig in die Vertiefungen des Bleches geben.
8. Im vorgeheizten Backofen bei 200 Grad 12 – 15 Minuten backen.
9. Die zart gebräunten Plätzchen zum Abkühlen auf ein Kuchengitter stürzen.
10. Die Aprikosenkonfitüre und den Rum miteinander glattrühren.
11. Die Hälfte der Plätzchen auf der flachen Rückseite mit der Konfitüre bestreichen.
12. Die übrigen Plätzchen mit der Rückseite daraufsetzen.
13. Zum Schluß dick mit Puderzucker bestäuben.
14. Die Plätzchen in eine Gebäckdose legen. Die einzelnen Schichten mit Pergamentpapier voneinander trennen.

ENGELSAUGEN

Für ca. 25 Stück

Teig:
120 g Mehl
75 g Butter
1 Eigelb
35 g Puderzucker
1 TL Vanillezucker
abgeriebene Schale einer halben unbehandelten Zitrone
eine Prise Salz

Füllung:
2 EL Himbeerkonfitüre

Glasur:
50 g Kuvertüre
Puderzucker zum Bestäuben

1. Mehl, Butter, Eigelb, Puder- und Vanillezucker, Zitronenschale und eine Prise Salz zu einem glatten Teig verkneten.
2. Für 1 Stunde in den Kühlschrank stellen.
3. Ein Backblech mit Backpapier auslegen.
4. Aus dem Teig kleine Kugeln formen und auf das Backblech setzen.
5. Mit einem Kochlöffelstiel eine Vertiefung in die Mitte der Teigkugeln drücken. Den Kochlöffelstiel zwischendurch in Mehl tauchen, damit kein Teig daran kleben bleibt.
6. Die Himbeerkonfitüre glattrühren, in einen Spritzbeutel mit kleiner Lochtülle geben und in die Vertiefungen der Teigkugeln spritzen.
7. Im vorgeheizten Backofen bei 200 Grad ca. 15 Minuten backen. Die Engelsaugen sollen nur leicht bräunen.
8. Auskühlen lassen.
9. Für die Glasur die Kuvertüre schmelzen und temperieren. Die Unterseite der Engelsaugen hineintauchen.
10. Auf Pergamentpapier setzen, mit Puderzucker bestäuben und in eine Gebäckdose schichten.

MANDELRINGE

(Foto auf der Titelseite)

Für zusammengesetzte Ringe den Teig ausrollen und Kreise und Ringe in gleicher Größe ausstechen. Nach dem Backen mit Himbeerkonfitüre zusammensetzen. Mit Glasur bestreichen und mit Mandeln bestreuen.

WEIHNACHTSWOLKE

Für ein 20 x 30 cm großes Backblech

Teig:

4 Eier
100 g Marzipanrohmasse
1 EL Vollmilch
100 g Zucker
Mark einer Vanillestange
70 g Mehl
30 g Mandelblättchen
50 g gehackte, getrocknete Aprikosen
50 g gehackte Kuvertüre
eine Prise Salz

Belag:

6 entkernte, abgezogene, getrocknete Datteln
4 Eiweiß
200 g Puderzucker
1 EL Kartoffelmehl

1. Eigelb und Eiweiß trennen, Eiweiß beiseite stellen. Das Marzipan zerbröckeln und mit der Milch glattrühren.
2. Eigelb und 70 g Zucker mit den Schneebesen eines elektrischen Handrührgerätes schaumig schlagen, bis der Zucker völlig aufgelöst ist.
3. Vanillemark, Salz und die Marzipanmasse zufügen und alles weiter schaumig schlagen.
4. Mehl, Mandeln, Aprikosen und Kuvertüre untermischen.
5. Das beiseite gestellte Eiweiß mit den gesäuberten Schneebesen steif schlagen, den übrigen Zucker dabei einrieseln lassen.
6. Den Eischnee vorsichtig unter den Teig heben.
7. Das Backblech mit Backpapier auslegen und den Teig darauf verstreichen.
8. Die Datteln in Scheiben schneiden und den Teig damit belegen.
9. Im vorgeheizten Backofen bei 200 Grad ca. 20 – 25 Minuten backen.
10. Das Eiweiß für den Belag steif schlagen und den gesiebten Puderzucker dabei einrieseln lassen.
11. Zum Schluß das gesiebte Kartoffelmehl unter ständigem Schlagen dazugeben.
12. Das Backblech aus dem Ofen nehmen und das Gebäck auf dem Blech auskühlen lassen.
13. Den Backofen auf 250 Grad aufheizen.
14. Den Eischnee in einen Spritzbeutel mit Lochtülle geben und gleichmäßige Streifen auf den Kuchen spritzen.
15. Mit Hilfe eines Eßlöffels den Eischnee wolkenähnlich auflockern.
16. Erneut in den Backofen schieben und 5 – 8 Minuten goldbraun überbacken.
17. Die Weihnachtswolke auskühlen lassen, in Portionen aufschneiden und mit Folie abgedeckt aufbewahren.

BUNTE KNUSPERSCHNITTEN

Für ca. 60 Stück

Teig:

190 g Mehl
85 g Zucker
1 EL Vanillezucker
1 TL Backpulver
1 Ei
abgeriebene Schale einer unbehandelten Zitrone
85 g Butter
etwas Mehl zum Ausrollen
1 Eigelb zum Bestreichen

Belag:

4 EL Aprikosengeist
½ EL Zimt
½ EL Vanillezucker
1 EL süße Sahne
40 g grob gehackte, getrocknete Aprikosen
100 g Butter
200 g Zucker
4 EL Honig
¼ l süße Sahne
200 g Mandelblättchen
200 g Haselnußblättchen
20 g gehackte, rote Belegkirschen
20 g gehackte, grüne Angelika oder Belegkirschen
20 g gehacktes Orangeat
20 g gehacktes Zitronat

1. Für den Belag Aprikosengeist mit Zimt, Vanillezucker und Sahne glattrühren.
2. Die getrockneten Aprikosen damit vermischen und durchziehen lassen.
3. Alle Zutaten für den Teig in eine Schüssel geben, die Butter dabei in Flöckchen zerteilen.
4. Mit den Knethaken eines elektrischen Handrührgerätes zu einem glatten Teig verkneten.
5. Den Teig kühl stellen.
6. Butter, Zucker und Honig für den Belag in einen Topf geben, erhitzen und unter Rühren leicht bräunen lassen.
7. Die Sahne dazugießen und so lange rühren, bis sich der Zucker völlig aufgelöst hat.
8. Die übrigen Zutaten für den Belag, einschließlich der eingelegten Aprikosen, dazugeben.
9. Bei geringer Hitze unter ständigem Rühren weiterkochen lassen, bis die Masse gebunden ist.
10. Den gekühlten Teig auf einer mit Mehl bestäubten Arbeitsfläche in kleinen Portionen dünn ausrollen.
11. Die Teigflächen jeweils in 7 cm breite Streifen schneiden.
12. Ein Backblech mit Backpapier auslegen und die Teigstreifen vorsichtig darauflegen.
13. Das Eigelb verquirlen und die Teigränder längs damit bestreichen.
14. Aus den Teigresten dünne Röllchen formen und als Begrenzung auf die Längsseiten der Teigränder legen.
15. Nun den Belag auf die Teigstreifen geben und innerhalb der Begrenzungen verstreichen.
16. Im vorgeheizten Backofen bei 200 Grad in ca. 20 Minuten goldbraun backen.
17. Etwas abkühlen lassen.
18. Das Gebäck in 2 cm breite Stücke schneiden und nach dem Abkühlen in eine Gebäckdose schichten. Die einzelnen Schichten durch Pergamentpapier voneinander trennen.

KOKOSSCHNITTEN

Für ein Backblech (20 x 30 cm) mit Rand

Teig:
- *3 Eier*
- *80 g Zucker*
- *1 EL Vanillezucker*
- *50 g Kokosraspeln*
- *30 g Mehl*
- *80 g Bitterkuvertüre*
- *3 EL Kokosnußlikör*
- *40 g lauwarme Butter*

Glasur:
- *70 g Puderzucker*
- *70 g Zucker*
- *70 g Kakaopulver*
- *120 g Kokosfett*
- *3 EL Rum*
- *1 EL Kokosnußlikör*
- *3 EL süße Sahne*

Zum Wälzen:
- *200 g Kokosraspeln*

1. Eier, Zucker und Vanillezucker mit den Schneebesen eines elektrischen Handrührgerätes im heißen Wasserbad schaumig schlagen, bis die Masse dicklich wird.
2. Im kalten Wasserbad kaltschlagen.
3. Die Kokosraspeln mit dem Mehl mischen.
4. Die Kuvertüre mit einem Messer zerkleinern und im warmen Wasserbad schmelzen lassen.
5. Die flüssige Kuvertüre zusammen mit der Kokos-Mehl-Mischung vorsichtig unter die Eiermasse heben.
6. Den Kokosnußlikör und die lauwarme Butter unterrühren.
7. Das Backblech mit Backpapier auslegen und die Teigmasse darauf verteilen.
8. Im vorgeheizten Backofen bei 200 Grad ca. 15 Minuten backen.
9. Das Gebäck auskühlen lassen, stürzen und das Backpapier abziehen.
10. Aus dem Gebäck 3,5 x 2 cm große Stücke schneiden.
11. Alle Zutaten für die Glasur in einen Topf geben und im heißen Wasserbad unter vorsichtigem Rühren auflösen, so daß eine gleichmäßige Masse entsteht.
12. Die Kokosschnitten mit Hilfe einer Gabel in die Glasur tauchen, gut abtropfen lassen und in den Kokosraspeln wälzen. Kühl stellen.

GEFÜLLTE KOKOSMAKRÖNCHEN

Für ca. 80 Stück

Mürbeteig:
- *100 g Mehl*
- *40 g Puderzucker*
- *60 g Butter*
- *2 Eigelb*
- *1 EL Kakaopulver*
- *2 TL Vanillezucker*
- *abgeriebene Schale einer unbehandelten Orange*
- *eine Prise Salz*
- *etwas Mehl zum Ausrollen*

Makronenteig:
- *100 g Eiweiß*
- *260 g Zucker*
- *1 EL Honig*
- *170 g Kokosraspeln*
- *50 g Mehl*

Füllung:
- *100 g Kuvertüre*
- *100 g Nougat*

Glasur:
- *150 g Kuvertüre*

1. Alle Zutaten für den Mürbeteig mit den Knethaken eines elektrischen Handrührgerätes in einer Rührschüssel zu einem glatten Teig verkneten.
2. Zu einer Kugel formen und in Frischhaltefolie eingewickelt für 1 Stunde in den Kühlschrank stellen.
3. Für den Makronenteig das Eiweiß steif schlagen, den Zucker dabei einrieseln lassen und den Honig zugeben. Im heißen Wasserbad schaumig schlagen, bis die Masse warm und etwas zäh ist.
4. Aus dem Wasserbad nehmen und ca. 10 Minuten weiterschlagen, bis die Masse wieder abgekühlt ist.
5. Kokosraspeln und Mehl mischen; unter die Eischaummasse heben.
6. In einen Spritzbeutel mit Lochtülle geben.
7. Ein Backblech mit Backpapier auslegen und gut kirschgroße Häufchen der Makronenmasse aufspritzen.
8. Im vorgeheizten Backofen bei ca. 190 Grad 12 – 13 Minuten backen.
9. Auskühlen lassen.
10. Den Mürbeteig auf einer mit Mehl bestäubten Arbeitsfläche ca. 2 – 3 mm dünn ausrollen.
11. Dann Kreise von 3 cm Durchmesser ausstechen und auf ein mit Backpapier ausgelegtes Backblech legen.
12. Im vorgeheizten Backofen bei 200 Grad ca. 12 Minuten backen.
13. Auskühlen lassen.
14. Für die Füllung die Kuvertüre schmelzen, den zerkleinerten Nougat zufügen und beides miteinander cremig aufschlagen.
15. In eine kleine Spritztüte geben; auf die Mürbeteigplätzchen spritzen.
16. Die Kokosmakrönchen daraufsetzen und für ca. 15 Minuten kühl stellen.
17. Für die Glasur die Kuvertüre schmelzen, temperieren, und das Unterteil der Gebäckstücke bis zur Unterseite der Makrönchen hineintauchen; auf Pergamentpapier setzen.
18. Sobald die Kuvertüre trocken ist, die gefüllten Kokosmakrönchen in eine Gebäckdose schichten. Jede Schicht mit Pergamentpapier abdecken. Kühl aufbewahren.

Für ca. 50 kleine Schnitten

Biskuit:
4 Eier
120 g Zucker
60 g Mehl
60 g Puderzucker
40 g flüssige Butter
Puderzucker zum Bestäuben

Zum Tränken:
¼ l Läuterzucker (siehe Seite 18)
15 g Instant Espressopulver
⅛ l starker Kaffee
5 EL Rum

Zum Bestreichen:
50 g Aprikosenkonfitüre
50 g Kuvertüre

Schokoladencreme:
200 g Bitterkuvertüre
125 g süße Sahne
25 g Butter

Buttercreme:
125 g Butter
45 g Puderzucker
3 EL Kaffeelikör
1–2 EL Instant Espressopulver

Glasur:
150 g Kuvertüre

1. Eier und Zucker mit den Schneebesen eines elektrischen Handrührgerätes in 5 Minuten sehr schaumig schlagen.
2. Mehl und Puderzucker darübersieben und zusammen mit der lauwarmen Butter unterheben.
3. Zwei Backbleche mit Backpapier auslegen und den Biskuitteig darauf verstreichen.
4. Im vorgeheizten Backofen bei 200 Grad ca. 12 Minuten backen.
5. Die gebackenen Biskuitböden auf je ein sauberes, mit Puderzucker

OPERASCHNITTEN

bestäubtes Geschirrtuch stürzen; das Backpapier vorsichtig abziehen.
6. Den Läuterzucker zum Tränken des Biskuits mit dem Espressopulver, dem Kaffee und dem Rum verrühren. Beiseite stellen.
7. Die ausgekühlten Biskuitböden vorsichtig umdrehen und halbieren, so daß vier gleich große Platten entstehen.
8. Zum Bestreichen die Aprikosenkonfitüre unter Rühren aufkochen; dünn auf eine Biskuitplatte streichen.
9. Die Kuvertüre schmelzen, temperieren und auf die angetrocknete Konfitüre streichen. Im Kühlschrank fest werden lassen.
10. Für die Schokoladencreme die Kuvertüre zerkleinern; Sahne und Butter aufkochen und die Kuvertüre darin unter ständigem Rühren auflösen. Kühl stellen oder in einem kalten Wasserbad unter ständigem Rühren abkühlen lassen, bis die Creme dicklich wird.
11. Die kalt gestellte Biskuitplatte mit der Schokoladenseite nach unten auf eine Platte legen und mit einem Viertel der Läuterzuckermischung tränken.
12. Darauf eine Schicht Schokoladencreme streichen und die zweite Biskuitplatte darauflegen.
13. Diese Platte ebenfalls mit einem Viertel der Läuterzuckermischung tränken und mit Schokoladencreme bestreichen.
14. Mit der dritten Biskuitplatte ebenso verfahren; die vierte Platte darüberlegen, aber vorerst nur tränken.
15. Ein mit Aluminiumfolie bespanntes Holzbrettchen zum Beschweren darauflegen und die Schichten 30 Minuten lang pressen: einen nicht zu schweren Gegenstand auf das Brettchen legen, z. B. ein oder zwei Pakete Mehl.
16. Inzwischen die Buttercreme zubereiten: Butter und Puderzucker zusammen sehr schaumig schlagen.
17. Den Kaffeelikör und das Espressopulver zugeben und so lange weiterschlagen, bis eine cremige Masse entsteht.
18. Die gepreßten Biskuitschichten mit der übrigen, nochmals gut durchgerührten Schokoladencreme bestreichen und im Kühlschrank fest werden lassen.
19. Dann die Buttercreme daraufstreichen; das Gebäck erneut kühl stellen.
20. Für die Glasur die Kuvertüre schmelzen und temperieren.
21. Die temperierte Kuvertüre gleichmäßig über die gepreßte Biskuitschnitte verteilen.
22. Bevor die Kuvertüre fest geworden ist, mit einem Sägemesser ein Wellenmuster auf der Oberfläche ziehen.
23. Sobald die Glasur trocken ist, die Operaschnitten in 2,5 x 4 cm große Stücke schneiden.
24. Nach Belieben mit je einer Messerspitze Blattgold verzieren und, mit Klarsichtfolie abgedeckt, maximal eine Woche kühl aufbewahren.

ORANGEN-KROKANT-SCHNITTEN

Für ein Backblech (20 x 30 cm) mit 2 cm hohem Rand

Teig:
100 g Butter
100 g Puderzucker
1 TL Vanillezucker
2 Eier
100 g Mehl
100 g gemahlene Haselnüsse
1 TL Backpulver
je eine Prise Zimt und Gewürznelke (gemahlen)
abgeriebene Schale einer halben, unbehandelten Zitrone
200 g Orangenmarmelade zum Bestreichen

Krokantbelag:
100 g Butter
50 g Zucker
2 EL flüssiger Honig
25 g gewürfeltes Zitronat
25 g gewürfeltes Orangeat
50 g gehackte Mandeln
50 g gehackte Haselnüsse
50 g gemahlene Mandeln
1 EL Orangenlikör

1. Butter, Puder- und Vanillezucker mit den Schneebesen eines elektrischen Handrührgerätes schaumig rühren.
2. Die Eier nacheinander unterrühren.
3. Mehl, Haselnüsse, Backpulver, Gewürze und Zitronenschale untermischen.
4. Das Backblech mit Backpapier auslegen, die Teigmasse daraufgeben und glattstreichen.
5. Das Blech mit dem Teig 1/2 Stunde lang kühl stellen.
6. Die Orangenmarmelade in einem Topf bei geringer Hitze unter Rühren auflösen.
7. Die flüssige Marmelade dünn auf die kalte Teigmasse streichen.
8. Erneut kühl stellen.
9. Für den Krokantbelag Butter, Zucker und Honig in einem Topf unter Rühren erhitzen; dickflüssig einkochen lassen.
10. Sobald sich die Masse leicht bräunlich färbt, den Topf vom Herd nehmen.
11. Die übrigen Zutaten unterrühren und die Krokantmasse etwas abkühlen lassen.
12. Die Masse auf dem mit Orangenmarmelade bestrichenen Teig verteilen.
13. Im vorgeheizten Backofen bei 220 Grad ca. 20 – 25 Minuten backen.
14. Das Gebäck auf dem Blech erkalten lassen.
15. Das abgekühlte Gebäck vom Blech stürzen und das Backpapier abziehen.
16. Das Orangen-Krokant-Gebäck in Aluminiumfolie verpackt aufbewahren und innerhalb von ein bis zwei Wochen nach Bedarf aufschneiden.

ELISENLEBKUCHEN

Für ca. 150 Stück von 5 cm Durchmesser

Teig:
470 g Zucker
6 Eier à 55 g
1 TL Vanillezucker
480 g Haselnüsse (eine Hälfte grob und eine Hälfte fein gemahlen)
50 g grob gehackte Walnüsse
100 g fein geschnittenes Orangeat
100 g fein geschnittenes Zitronat
abgeriebene Schale je einer unbehandelten Zitrone und Orange
1 EL fein gehackte Ingwerknolle, in Sirup eingelegt
je ½ TL gemahlene Gewürze: Zimt, Gewürznelke, Piment, Koriander, Muskatblüte (Macis), Kardamom, Muskatnuß
2 Päckchen Backoblaten (50 mm Durchmesser)

Punschglasur:
130 g Puderzucker
ca. 2 EL Rum
ca. 2 EL Rotwein

Schokoladenglasur:
200 g Bitter- oder Vollmilchkuvertüre

Zum Verzieren:
verschiedene Nüsse und kandierte Früchte

1. Zucker, Eier und Vanillezucker mit den Schneebesen eines elektrischen Handrührgerätes so lange schaumig rühren, bis sich die Masse verdoppelt hat und der Zucker aufgelöst ist.
2. Nüsse, Orangeat, Zitronat, Zitronen- und Orangenschale, Ingwer und Gewürze untermischen.
3. Abgedeckt an einem kühlen Ort 24 Stunden ruhen lassen.
4. Am nächsten Tag kleine, etwa 15 – 17 g schwere Kugeln aus der Lebkuchenmasse formen und so auf die Oblaten setzen, daß ein 3–5 mm breiter Rand frei bleibt.
5. Die Oblaten auf ein mit Backpapier ausgelegtes Backblech setzen.
6. Im vorgeheizten Backofen bei 200 Grad 12–15 Minuten lang hellbraun backen. Die gut aufgegangenen Lebkuchen dürfen innen nicht ganz gar sein, weil sie noch nachziehen und weich bleiben sollen.
7. Die fertigen Lebkuchen auf einem Kuchengitter auskühlen lassen.
8. Ein Drittel der Lebkuchen beiseite stellen; sie bleiben "natur", also ohne Glasur.
9. Für die Punschglasur den gesiebten Puderzucker mit Rum und Rotwein glattrühren
10. Ein weiteres Drittel der Lebkuchen einzeln mit der oberen Seite (nicht mit der Oblatenseite) in die Punschglasur tauchen.
11. Für die Schokoladenglasur die Kuvertüre schmelzen, temperieren und das übrige Drittel der Lebkuchen mit der oberen Seite hineintauchen.
12. Die glasierten Lebkuchen nebeneinander auf einem Kuchengitter trocknen lassen. Solange die Glasuren noch weich sind, können sie mit Nüssen und kandierten Früchten verziert werden.
13. Die fertigen Lebkuchen in einer Blechdose aufbewahren. Das Gebäck mit einem Stück Pergamentpapier abdekken und einige Apfelschalen darüberlegen. Dadurch bleiben die Elisenlebkuchen weich und saftig. Nach etwa 10 Tagen haben Lebkuchen die optimale Beschaffenheit.

APFELLEBKUCHEN-GLÖCKCHEN

Für ca. 25 Stück

Teig:
300 g Honig
50 g Zucker
1 TL Hirschhornsalz
200 g Weizenmehl
120 g Roggenmehl
1 TL Pottasche
1 Eigelb
2 TL Zimt
1 TL gemahlener Kardamom
1 TL gemahlener Piment
3 EL Apfelbrand
20 g gehackte getrocknete Äpfel
etwas Mehl zum Ausrollen
ca. ⅛ l Vollmilch zum Bestreichen

Füllung:
1 EL fein gehackte, getrocknete Äpfel
2 EL Apfelbrand
80 g Marzipanrohmasse
1½ EL Apfelgelee

Glasur:
400 g Bitterkuvertüre

Zum Bestreuen:
50 g grob gehackte Pistazienkerne

1. Für die Füllung die getrockneten Äpfel in dem Apfelbrand einweichen.
2. Honig und Zucker für den Lebkuchenteig in einem Topf bei milder Hitze unter Rühren auflösen, nicht kochen!
3. Bei Zimmertemperatur 2 Stunden stehen lassen.
4. Das Hirschhornsalz in wenig Wasser auflösen und zusammen mit dem Weizenmehl unter die Zucker-Honig-Mischung kneten.
5. Das Roggenmehl, die ebenfalls in etwas Wasser aufgelöste Pottasche sowie die übrigen Zutaten für den Teig unterkneten.
6. Den Lebkuchenteig für 1 Stunde kalt stellen.
7. Für die Füllung die zerbröckelte Marzipanrohmasse mit dem Apfelgelee und den eingeweichten Trockenäpfeln zu einer glatten Masse verrühren.
8. Den Lebkuchenteig in kleinen Portionen auf einer mit Mehl bestäubten Arbeitsfläche 3 – 4 mm dick ausrollen.
9. Mit einer Ausstechform 6,5 x 3,5 cm große Glokken ausstechen. Die Menge sollte etwa 50 Stück ergeben.
10. Die Füllung in einen Spritzbeutel mit Lochtülle geben und kleine Häufchen auf die Hälfte der Teigglocken spritzen; den Rand frei lassen.
11. Die andere Hälfte der Teigglocken vorsichtig darauflegen und am Rand festdrücken.
12. Die Glocken leicht mit Milch bestreichen.
13. Ein Backblech mit Backpapier auslegen und die Glocken vorsichtig darauflegen.
14. Im vorgeheizten Backofen bei 180 Grad ca. 10 Minuten backen.
15. Auskühlen lassen.
16. Für die Glasur die Kuvertüre schmelzen und temperieren.
17. Die Lebkuchenglokken mit der Kuvertüre überziehen und mit den Pistazien verzieren.
18. Sobald die Kuvertüre getrocknet ist, die Lebkuchenglocken in eine Gebäckdose schichten. Jede Schicht mit Pergamentpapier abdecken. Gut verschlossen aufbewahren. Je länger die Lebkuchen lagern, um so würziger werden sie.

EISBERG-SPITZEN

Für ca. 50 Stück
(Foto oben)

125 g weiße Schokolade
75 g Butter
75 g Puderzucker
3 EL trockener Sekt
abgeriebene Schale einer halben unbehandelten Zitrone
Saft einer halben Zitrone
70 g Puderzucker
80 g Marzipanrohmasse

Glasur:
400 g weiße Kuvertüre

Zum Verzieren:
1–2 EL gehackte Pistazienkerne

1. Die Schokolade zerkleinern, im heißen Wasserbad schmelzen.
2. Butter und Puderzucker mit den Schneebesen eines elektrischen Handrührgerätes schaumig schlagen.
3. Unter ständigem Rühren lauwarme Schokolade, Sekt, Zitronenschale und -saft dazugeben und so lange schaumig schlagen, bis eine spritzfähige Masse entsteht.
4. In einen Spritzbeutel mit mittlerer Lochtülle füllen und beiseite legen.
5. Den gesiebten Puderzucker mit der Marzipanrohmasse verkneten, zwischen zwei Blatt Klarsichtfolie legen und ca. 3 mm dünn ausrollen.
6. Die Folie abziehen, aus dem Marzipanteig Kreise von 2,5 bis 3 cm Durchmesser ausstechen und auf ein mit Pergamentpapier ausgelegtes Tablett legen.
7. Die Masse aus dem Spritzbeutel auf die Marzipankreise spritzen und alles kühl stellen.
8. Für die Glasur die Kuvertüre schmelzen und temperieren.
9. Die kalten Eisbergspitzen auf einen Gitterrost setzen und eine flache Schale zum Auffangen der Kuvertüre darunterstellen.
10. Die Kuvertüre mit Hilfe eines Eßlöffels über die Eisbergspitzen geben und gut ablaufen lassen.
11. Mit den Pistazien bestreuen.
12. Kühl aufbewahren und bald verzehren.

MOKKATRÜFFEL

Für ein Blech, 16 x 25 cm groß, 3 cm Randhöhe
(Foto unten links)

¼ l süße Sahne
2 EL Instant Espressopulver
225 g Butter
225 g geraspelte Halbbitterschokolade
4 EL Mokkalikör

Zum Bestreuen:
120 g Kakaopulver

Zum Verzieren:
50 g Vollmilchkuvertüre
30–40 Schokoladen-Mokkabohnen

1. Sahne, Espressopulver und Butter in einem Topf aufkochen.
2. Beiseite stellen, Schokolade und Mokkalikör zugeben und so lange vorsichtig rühren, bis die Schokolade vollständig geschmolzen ist.

3. Das Blech mit Backpapier auslegen und die Schokoladen-Mokka-Mischung durch ein Sieb daraufgießen.
4. Für etwa 5 – 6 Stunden in ein Gefriergerät stellen.
5. Die Arbeitsfläche großzügig mit der Hälfte des Kakaopulvers bestreuen und die Trüffelmasse daraufstürzen.
6. Das Backpapier abziehen und die Oberfläche der gefrorenen Trüffelmasse mit dem übrigen Kakao überpudern.
7. Nun 30 – 40 gleich große Quadrate aus der Trüffelmasse schneiden.
8. Die einzelnen Trüffelwürfel rundherum in dem Kakao wenden und den überschüssigen Kakao gut abschütteln.
9. Auf ein Tablett legen.
10. Zum Verzieren die Kuvertüre schmelzen, temperieren und in ein kleines Pergamentpapiertütchen geben.
11. Eine winzige Spitze von dem Tütchen abschneiden und auf die Mitte jedes Trüffelwürfels einen Tupfer Kuvertüre spritzen.
12. Je eine Schokoladen-Mokkabohne daraufsetzen. Abgedeckt und kühl aufbewahren.

RUMPRALINEN

Für ca. 80 Stück
(Foto unten rechts)

Pralinenmasse:
100 g süße Sahne
4 EL Rum
75 g Butter
2 Eigelb
300 g Bitterkuvertüre

Glasur:
ca. 300 g Bitter- oder Vollmilchkuvertüre

Zum Verzieren:
verschiedene kleine Nüsse, kandierte Früchte oder Schokolade

1. Sahne und Rum in einem kleinen Topf erhitzen. Kurz vor dem Kochen vom Herd nehmen, die Butter zugeben und unter Rühren darin schmelzen lassen.
2. Nebenbei die kleingeschnittene Kuvertüre vorsichtig im Wasserbad schmelzen lassen.
3. Unter ständigem Rühren nach und nach das Eigelb und die geschmolzene Kuvertüre in die heiße Sahne-Butter-Mischung geben.
4. Ein 25 x 18 cm großes Blech mit 2 cm hohem Rand mit Klarsichtfolie auslegen, die Pralinenmasse daraufgeben und mit Folie abdecken.
5. Etwa 24 Stunden kühl stellen.
6. Stürzen, die Folie vorsichtig abziehen und ca. 80 kleine Rechtecke aus der festen Pralinenmasse schneiden.
7. Für die Glasur die Kuvertüre schmelzen, temperieren und die Pralinen damit überziehen: auf eine Gabel oder Pralinengabel setzen und in die Kuvertüre tauchen. Danach zum Trocknen auf Backpapier setzen.
8. Bevor die Kuvertüre ganz trocken ist, kann man die Pralinen mit Nüssen und kandierten Fruchtstücken verzieren.
9. Die Pralinen bis zum Verzehr in Papierpralinenförmchen setzen. Kühl aufbewahren.

Tip: Zwei Riegel (40 g) weiße oder dunkle Schokolade im Wasserbad schmelzen, ein bis zwei Tropfen Wasser zugeben und glattrühren. Die Masse in ein Pergamentpapiertütchen füllen, eine winzige Spitze davon abschneiden und die Pralinen mit feinen Ornamenten verzieren.

DOMINO-STEINE

Für ca. 50 Stück
(Foto oben)

75 g Marzipanrohmasse
75 g Puderzucker
4 – 5 EL Birnengeist
125 g süße Sahne
25 g Butter
200 g Bitterkuvertüre
350 g kandierte Früchte (Birnen, Ananas oder Orangen)

Glasur:
250 – 300 g Bitterkuvertüre

Zum Verzieren:
50 g weiße Schokolade

1. Die zerbröckelte Marzipanrohmasse mit dem gesiebten Puderzucker und 1 – 2 EL Birnengeist verkneten; abgedeckt kühl stellen.
2. Die Sahne zusammen mit der Butter aufkochen und beiseite stellen.
3. Die Kuvertüre zerkleinern und unter ständigem Rühren mit einem Schneebesen in der heißen Sahne auflösen.
4. Abkühlen lassen und mit 3 EL Birnengeist abschmecken.
5. Die kandierten Früchte in ca. 3 mm dünne Scheiben schneiden.
6. Den Marzipanteig zwischen zwei Blatt Klarsichtfolie legen und zu einem 20 x 17 cm großen Rechteck ausrollen.
7. Die Folie vorsichtig abziehen und das ausgerollte Marzipan auf eine Platte legen.
8. Mit den kandierten Früchten belegen.
9. Die cremige Schokoladenmasse mit Hilfe einer Palette gleichmäßig darüber verteilen.
10. Für 1 – 2 Stunden in den Kühlschrank stellen.
11. Ein großes Messer in heißes Wasser tauchen, damit beim Schneiden der Dominosteine glatte Kanten entstehen.
12. Die gekühlte Dominomasse in 2 x 3,5 cm große Stücke schneiden, erneut kühl stellen.
13. Die Kuvertüre für die Glasur schmelzen und temperieren.
14. Ein Backblech mit Backpapier auslegen.
15. Die Dominosteine mit Hilfe einer Pralinengabel in die Kuvertüre tauchen, abtropfen lassen und auf das Backblech setzen.
16. Zum Verzieren die weiße Schokolade zerkleinern und schmelzen.
17. Mit 1 – 2 Tropfen Wasser glattrühren, und die Schokolade in ein kleines Pergamentpapiertütchen geben.
18. Eine winzige Spitze abschneiden; Dominomuster auf die trockene Glasur spritzen.

ORANGENKONFEKT

Für 50 Stanniolkapseln
(Foto unten links)

ca. 150 g Kuvertüre
100 g heller Mandelnougat
100 g Bitterkuvertüre
100 g Butter
abgeriebene Schale einer unbehandelten Orange
1 – 2 EL Orangensaft

Zum Verzieren:
kandierte Fruchtstücke

1. Die Stanniolkapseln dicht nebeneinanderstellen und mit geschmolzener, temperierter Kuvertüre füllen.
2. Die Kapseln wieder leeren, so daß nur ein dünner Kuvertürefilm darin zurückbleibt. Am besten legt man die gefüllten Stanniolkapseln kopfüber auf einen Gitterrost, unter dem eine flache Schale steht, welche die abtropfende Kuvertüre auffängt.
3. Mandelnougat und Kuvertüre kleinschneiden und vorsichtig im Wasserbad schmelzen. Etwas abkühlen lassen.
4. Die Butter in einer Schüssel mit den Schneebesen eines elektrischen Handrührgerätes schaumig schlagen.
5. Unter ständigem Rühren die Nougat-Kuvertüre zur Butter geben.
6. Alles mit Orangenschale und -saft aromatisieren, schaumig aufschlagen.
7. In einen Spritzbeutel mit Sterntülle füllen und in die vorbereiteten Stanniolkapseln spritzen.
8. Nach Belieben verzieren und bis zum Verzehr kühl stellen.

RUMSTANGEN

Für ca. 45 Stück
(Foto unten rechts)

40 g Kakaopulver
130 g Puderzucker
1 Eigelb
1 EL Rum
2 Fläschchen Rum-Aroma
1 EL Butter
50 g Marzipanrohmasse
1 TL Rum

Glasur:
150 g Vollmilchkuvertüre

Zum Verzieren:
30 g Bitterkuvertüre

1. Kakaopulver und 80 g Puderzucker in eine Schüssel sieben.
2. Eine Vertiefung in die Mitte drücken.
3. Eigelb, 1 EL Rum und das Rum-Aroma in die Vertiefung geben und die Butter in Flöckchen auf den Rand setzen.
4. Mit den Knethaken eines elektrischen Handrührgerätes zu einer glatten Masse verkneten.
5. Das Marzipan mit dem übrigen gesiebten Puderzucker und 1 TL Rum verkneten.
6. Den Marzipanteig zwischen zwei Blatt Klarsichtfolie legen; 2 mm dünn zu einem Quadrat ausrollen.
7. Die Folie abziehen und 1 cm breite Marzipanbahnen schneiden.
8. Die Kakaomasse zu Röllchen von ½ cm Durchmesser formen.
9. Die Marzipanbahnen mit Wasser bestreichen, die Kakaoröllchen längs darauflegen und leicht andrücken.
10. Die Bahnen in 3 cm lange Stücke schneiden und etwas antrocknen lassen, damit die Kakaoröllchen auf dem Marzipan klebenbleiben.
11. Für die Glasur die Vollmilchkuvertüre schmelzen, temperieren und die kleinen Rumstangen mit Hilfe einer Pralinengabel hineintauchen.
12. Abtropfen lassen und zum Trocknen auf ein mit Backpapier ausgelegtes Tablett legen.
13. Zum Verzieren die Bitterkuvertüre schmelzen, temperieren und in ein kleines Pergamentpapiertütchen geben.
14. Eine winzige Spitze von dem Tütchen abschneiden und die Rumstangen mit feinen Linien überziehen.

PRALINEN-TÜRMCHEN

Für ca. 45 Stück
(Foto oben)

135 hauchdünne Bitter-Schokoladentäfelchen (5 Päckchen)

Pralinenschaum:
1 Blatt weiße Gelatine
0,3 l süße Sahne
1 Eiweiß
90 g Bitterkuvertüre
100 g dunkler Nougat
1 Ei
abgeriebene Schale einer halben unbehandelten Orange
1 EL Rum
1 EL Orangenlikör

Zum Verzieren:
50 g Marzipanrohmasse
50 g Puderzucker
etwas Rote-Bete-Saft
50 g weiße Schokolade

1. Für den Pralinenschaum die Gelatine in kaltem Wasser einweichen.
2. Die Sahne cremig schlagen und das Eiweiß mit den gesäuberten Schneebesen steif schlagen.
3. Die Kuvertüre und den Nougat zerkleinern, im Wasserbad schmelzen und auf etwa 40 Grad temperieren.
4. Ei, Orangenschale, Rum und Orangenlikör im heißen Wasserbad schaumig aufschlagen und die ausgedrückte Gelatine in dem heißen Eischaum auflösen.
5. Herausnehmen und die Nougat-Kuvertüre unter ständigem Rühren dazugeben.
6. Die Sahne und den Eischnee vorsichtig unterheben und den Pralinenschaum für 3 Stunden kühl stellen.
7. Den Pralinenschaum in einen Spritzbeutel mit kleiner Lochtülle geben und kleine Spiralen auf ein Drittel der Schokoladentäfelchen spritzen.
8. Auf ein Tablett legen.
9. Mit je einem Schokoladenblättchen belegen und darauf erneut Pralinenschaum spritzen.
10. Das letzte Drittel der Schokoladenblättchen obenauf setzen und etwas andrücken, damit die Zwischenräume kleiner werden.
11. Zum Verzieren die Marzipanrohmasse mit dem gesiebten Puderzucker verkneten und mit etwas Rote-Bete-Saft rot einfärben. Die Masse zwischen zwei Blatt Klarsichtfolie legen und dünn ausrollen.
12. Die Folie vorsichtig abziehen und kleine Weihnachtsmotive aus der roten Marzipanmasse ausstechen.
13. Die weiße Schokolade im heißen Wasserbad schmelzen, mit 2 – 3 Tropfen Wasser verrühren und in ein kleines Pergamentpapiertütchen füllen.
14. Eine winzige Spitze davon abschneiden und feine weiße Linien auf die oberen Schokoladentäfelchen spritzen.
15. Die Weihnachtsmotive aus Marzipan darauflegen. Gut gekühlt servieren.

WEINBRAND-KUGELN

Für ca. 50 Stück
(Foto unten)

160 g Kuvertüre
120 g Puderzucker
120 g gemahlene, geröstete Haselnüsse
1 Eiweiß
5 EL Weinbrand
abgeriebene Schale einer unbehandelten Orange

Füllung:
80 g Butter
Mark einer Vanillestange
4 hartgekochte Eigelb, durch ein Sieb gestrichen

Glasur:
200 g Kuvertüre

Zum Wälzen:
4 EL Kakaopulver

1. Die Kuvertüre zerkleinern und im heißen Wasserbad schmelzen lassen.
2. Gesiebten Puderzucker, Haselnüsse, aufgelöste Kuvertüre, Eiweiß, Weinbrand und Orangenschale miteinander zu einer glatten Masse verrühren.
3. Etwa 1/2 Stunde in den Kühlschrank stellen.
4. Die Butter für die Füllung mit den Schneebesen eines elektrischen Handrührgerätes so lange schaumig schlagen, bis sie fast weiß ist.
5. Das Vanillemark und das durch ein Sieb gestrichene Eigelb unterrühren.
6. Aus der kalt gestellten Masse kirsch- bis walnußgroße Kugeln formen und mit dem kleinen Finger eine Vertiefung in die Mitte drücken.
7. Die Füllung in einen Spritzbeutel mit kleiner Lochtülle geben und in die Vertiefungen der Kugeln spritzen.
8. Die Weinbrandkugeln wieder verschließen.
9. Für die Glasur die Kuvertüre schmelzen, temperieren, und die Weinbrandkugeln mit Hilfe einer Pralinengabel hineintauchen.
10. Gut abtropfen lassen und danach in dem Kakaopulver wälzen.
11. Zum Aufbewahren möglichst in Papierpralinenförmchen setzen, abdecken und kühl lagern.

LAFERS MOZART-KNÖDEL

Für 6 Portionen

Kartoffelteig:
350 g mehlig kochende Kartoffeln
30 g Butter
150 g Mehl
40 g Hartweizengrieß
2 Eigelb
1 TL Vanillezucker
abgeriebene Schale einer unbehandelten Zitrone
eine Prise Zimt
eine Prise Salz

Marzipanteig:
60 g Pistazienkerne
60 g Puderzucker
150 g Marzipanrohmasse
1 EL Rum

Gefüllte Pflaumen:
50 g Nougat
50 g Kuvertüre
50 g weiche Butter
abgeriebene Schale einer unbehandelten Orange
1 EL Orangensaft
12 entsteinte Backpflaumen

Zum Wälzen:
200 g gemahlene Mandeln

Soße:
100 g Crème double
2 EL Puderzucker
1 EL Rum

Zum Verzieren:
100 g pürierte Himbeeren, durch ein Sieb gestrichen
Pfefferminzblättchen
Puderzucker

1. Die gesäuberten, ungeschälten Kartoffeln in Salzwasser weich kochen, abgießen.
2. Die Kartoffeln pellen, auf ein Backblech legen und im vorgeheizten Backofen bei 200 Grad ca. 10 Minuten trockendämpfen.
3. Die übrigen Zutaten für den Kartoffelteig in eine Schüssel geben, die Kartoffeln mit einer Kartoffelpresse fein zerdrücken oder durch ein Sieb streichen und dazugeben.
4. Einen glatten Teig daraus kneten, in Klarsichtfolie wickeln und im Kühlschrank 1 Stunde ruhen lassen.
5. Die Pistazien für den Marzipanteig fein mahlen.
6. Mit gesiebtem Puderzucker, zerbröckeltem Marzipan und Rum zu einem glatten Teig verkneten. Beiseite stellen.
7. Nougat und Kuvertüre für die gefüllten Pflaumen zerkleinern und im Wasserbad schmelzen.
8. Die Butter schaumig schlagen und die Nougat-Kuvertüre dabei langsam einlaufen lassen.
9. Orangenschale und -saft dazugeben und so lange weiterschlagen, bis eine Creme entsteht.
10. Die Backpflaumen mit einem Kochlöffelstiel vorsichtig aushöhlen.
11. Die Creme in einen Spritzbeutel mit kleiner Lochtülle geben; in die Backpflaumen spritzen.

12. Den Marzipanteig zwischen zwei Blatt Klarsichtfolie legen und ca. 2 mm dünn ausrollen.
13. Die Folie vorsichtig abziehen und 12 gleich große Stücke aus dem Marzipanteig schneiden.
14. Je eine gefüllte Backpflaume damit umhüllen.
15. Den Kartoffelteig mit bemehlten Händen auf einer mit Mehl bestäubten Arbeitsfläche ausrollen und in 12 Stücke schneiden.
16. Die in Marzipan gehüllten Backpflaumen nun darin einschlagen und zu Knödeln formen.
17. Die Knödel in kochendes Salzwasser geben und ca. 10 Minuten darin garziehen lassen.
18. Die gemahlenen Mandeln in einer heißen Pfanne goldbraun rösten.
19. Für die Soße Crème double, gesiebten Puderzucker und Rum miteinander glattrühren.
20. Die Knödel mit einer Schaumkelle aus dem Wasser heben, abtropfen lassen und vorsichtig in den gebräunten Mandeln wälzen.
21. Die Soße gut durchrühren und mit dem Himbeerpüree dekorativ auf sechs Teller verteilen.
22. Je einen ganzen und einen halbierten Knödel darauf anrichten, mit Pfefferminzblättchen und Puderzucker verzieren.

REGISTER

A
Adventsnapfkuchen 20
Angelika 18
Anis 13
  Stern- 13
Apfellebkuchen-
  glöckchen 59
Aprikosenplätzchen 50
Ausstechformen 11

B
Back-Aromen 18
Backblech 18
Backoblaten 11
Backpapier 11
Backpinsel 11
Bärentatzen 28, 29
Bernhards Zillertaler
  Zelten 24
Bögerl
  Anis- 37
Bunte Knusper-
  schnitten 53
Butter 18
Buttercreme
  s. Operaschnitten
  56, 57

C
Creme
  Butter-
  s. Operaschnitten
  56, 57
  Nougat-
  s. Nougatringe 30, 31
  Sanddorn-
  s. Hippenröllchen
  32, 33
  Schokoladen-
  s. Operaschnitten
  56, 57
Christas Nußpfennige 41

D
Dominosteine 62
Dreispitze
  Glühwein- 48

E
Eisbergspitzen 60
Elisenlebkuchen 58, 59
Engelsaugen 51
Erdnußschiffchen 42, 43
Espressoglasur
  s. Kolumbianer 31

F
Farinzucker 18
Feigenschäumchen 46
Florentiner-Blech 11
Fondant 16, 17
  Herstellung von 16, 17

G
Gebäck
  Vanille-Makronen- 45
Gefüllte Pflaumen
  s. Lafers Mozartknödel
  66, 67
Gefüllte Kokos-
  makrönchen 55
Gewürznelken 13
Glasur
  Espresso-
  s. Kolumbianer 31
  Kirsch-
  s. Verlorene Kirschen
  33
  Kokos-
  s. Kokosschnitten
  54, 55
  Punsch-
  s. Elisenlebkuchen
  58, 59
Glöckchen
  Apfellebkuchen- 59
Glühwein
  s. Glühweindreispitze
  48
Glühweindreispitze 48
Guldentaler 44

H
Häppchen
  Ingwer- 34, 35
Häufchen
  Mandel- 35
Haselnußtorte
  Ullas 21
Hippenröllchen mit
  Sanddorncreme 32, 33
Hirschhornsalz 18
Honig 13

I
Ingwer 13
Ingwerhäppchen 34, 35
Irmis Walnußstanitzel
  40, 41

K
Kardamom 13
Karten
  Zimt- 38
Kartoffelteig
  s. Lafers Mozartknödel
  66, 67
Katzenzungen
  Schokoladen- 29
Kipferln
  Vanille- 36
Kirschen
  Verlorene 33
Kirschglasur
  s. Verlorene Kirschen
  33
Knusperschnitten
  Bunte 53
Kokosglasur
  s. Kokosschnitten
  54, 55
Kokosmakrönchen
  Gefüllte 55
Kokosraspel 13
Kokosschnitten 54, 55
Kolumbianer 31
Konfekt
  Orangen- 62, 63
Koriander 13
Korinthen 13
Krapfen
  Spagat- 47
Krapferl
  Punsch- 49
Krokant-Schnitten
  Orangen- 57
Kuchen
  Adventsnapf- 20
  Kürbiskern- 23
  Mohn-Makronen- 25
Kugeln
  Weinbrand- 65
Kuvertüre 14, 15
  temperieren 14, 15

L
Läuterzucker 18
Lafers Mozartknödel 66, 67
Lebkuchen
Elisen- 58, 59
Apfel-
s. Apfellebkuchenglöckchen 59

M
Makrönchen
Gefüllte Kokos- 55
Makronen-Gebäck
Vanille- 45
Makronenteig
s. Mohn-Makronenkuchen 25
s. Gefüllte Kokos-Makrönchen 55
Mandelhäufchen 35
Mandelringe 51
Marzipan-Apfel-Füllung
s. Apfellebkuchenglöckchen 59
Maßangaben 18
Mohn-Makronen-Kuchen 25
Mokkatrüffel 60, 61
Mozartknödel
Lafers 66, 67
Muskatblüte 13
Muskatnuß 13
Muttis Spagatkrapfen 47

N
Napfkuchen
Advents- 20
Nougat 19
Nougatringe 30, 31
Nüsse
Pfeffer- 43
Nuß
Muskat- 13
Nußpfennige
Christas 41

O
Oblaten-Waffeleisen 11
Operaschnitten 56, 57
Orangeat 13
Orangenblütenöl 19
Orangen-Krokant-Schnitten 57
Orangenkonfekt 62, 63

P
Papierförmchen 11
Pergamentpapiertütchen 11
Pfeffernüsse 43
Pfennige
Nuß- 41
Pflaumen
Gefüllte
s. Lafers Mozartknödel 66, 67
Piment 13
Pinienkerne 19
Pistazienkerne 19
Plätzchen
Aprikosen- 50
Pottasche 19
Pralinen
-besteck 11
-schaum s. Pralinentürmchen 64
Rum- 61
Dominosteine 62
Eisbergspitzen 60
Mokkatrüffel 60, 61
Orangenkonfekt 62, 63
Weinbrandkugeln 65
Rumstangen 63
Punschglasur
s. Elisenlebkuchen 58, 59
Punschkrapferl 49

R
Ringe
Nougat- 30, 31
Röllchen
Hippen- 32, 33
Rosinen 13
Rumpralinen 61
Rumstangen 63

S
Sanddorncreme
s. Hippenröllchen 32, 33
Schäumchen, einfache 46
Schaum
Pralinen-
s. Pralinentürmchen 64
Schiffchen
Erdnuß- 42, 43
Schnitten
Bunte Knusper- 53
Kokos- 54, 55
Opera- 56, 57
Orangen-Krokant- 57
Schokoladencreme
s. Operaschnitten 56, 57
Schokoladen-Katzenzungen 29
Spagatkrapfen
Muttis 47
-form 11
Spitzen
Eisberg- 60
Spritztüllen 11
Stangen
Rum- 63
Stanitzel
Walnuß- 40, 41
Stanniolkapseln 11
Steine
Domino- 62
Sternanis 13
Sterne
Zimt- 39
Stollen
-form 19
Weihnachts- 22
Sultaninen 13

T
Taler
Gulden- 44
Tatzen
Bären- 28, 29
Torte
Haselnuß- 21
Weihnachts- 26, 27
Tortenscheibe 19
Trockenfrüchte 19
Trüffel
Mokka- 60, 61
Türmchen
Pralinen- 64

V
Vanille 13
-Makronen-Gebäck 45
-kipferln 36
Verlorene Kirschen 33

W
Waage 19
Walnußstanitzel 40, 41
Weihnachtsbäumchen 37
Weihnachtssterne 37
Weihnachtsstollen 22
Weihnachtstorte 26, 27
Weihnachtswolke 52, 53
Weinbrandkugeln 65
Wilhelmine Klöckners Zimtkarten 38

Z
Zimt 13
-karten 38
-sterne 39
Zitronat 13
Zucker
Farin- 18
Läuter- 18
-thermometer 11

„...DENN VOM GENUSS BE

DAS MEISTPRÄMIERTE KOCHBUCH DEUTSCHLANDS

Als „das Buch mit dem Löffel“ hat dieser Küchen-Bestseller weltweit einen geradezu legendären Ruf erlangt. In 15 Ländern begeistert KOCHEN inzwischen Anfänger wie Fortgeschrittene, Hausfrauen wie Hobbyköche, Gourmets und Gastrokritiker. KOCHEN ist ein märchenhaft schönes Bilderbuch, das die kreative Lust am Kochen weckt, zugleich aber jeden Handgriff präzise beschreibt.

KOCHEN. DIE NEUE GROSSE SCHULE

288 Seiten
1000 Farbfotos
2000 Rezepte
Großformat
DM 39,80

VON ANFANG AN RICHTIG KOCHEN

Das ideale Kochbuch für Einsteiger. Mit allem Drum und Dran: Mit 700 Phasenfotos, die jeden Handgriff genau zeigen und erklären. Mit einem ABC der Küchensprache. Mit Pannenhilfe und den besten Tips, wie aus Resten tolle Gerichte werden.
Mit den beliebtesten Spezialitäten der jungen Küche. — Und mit einer Garantie fürs Gelingen!

KOCHEN. DIE JUNGE SCHULE

240 Seiten
300 Rezeptideen für
50 komplette Gerichte
700 Farbfotos
Format: 15,5 x 22 cm
DM 19,80

OMMT MAN NIE ZUVIEL.“

EIN BACKBUCH WIE ES NOCH KEINES GAB

Das meistprämierte Backbuch Deutschlands. Ein wunderschöner Bildband und ein präzises Lehrbuch zugleich. Vom Rührteig bis zum Biskuit, vom Brotbacken bis zur Pralinenherstellung — alles beginnt mit dem Grundrezept. Dabei wird jeder wichtige Handgriff im Foto gezeigt.
Kurzum: BACKEN ist die „Quintessenz der Backkunst“ (Zeitschrift FEINSCHMECKER)

<u>*BACKEN. DIE NEUE GROSSE SCHULE*</u>

288 Seiten
2000 Rezepte
1000 Farbfotos
Großformat 23 x 30 cm
Hardcover, gebunden
DM 39,80

EIN MEISTERSTÜCK DER BACKKUNST

Wenn der Kaffeetisch ein bißchen feiner, raffinierter und edler ausfallen soll. Wenn Sie bei großen Festen und kleinen Feiern mit Creme-, Obst- und Sahnetorten verwöhnen wollen. Wenn Gebäck und Pralinen sicher gelingen sollen. Hier finden Sie die schönsten Rezepte, zuverlässig und genau beschrieben. Ein Hochgenuß für Gaumen und Augen.

<u>*BACKEN. FÜR FESTLICHE STUNDEN UND ANLÄSSE*</u>

160 Seiten
100 festliche Rezepte
150 Farbfotos
Hardcover, gebunden
DM 29,80